QUAND LA FOI RENCONTRE LA CAPACITÉ

Les miracles se produisent lorsque l'instruction divine rencontre la préparation humaine

Dr Jean Héder Petit-Frère

Quand la foi rencontre la capacité :
Les miracles se produisent lorsque l'instruction divine rencontre la préparation humaine Copyright © 2025 par Dr Jean Héder Petit-Frère

Tous droits réservés. Aucune partie de cette publication ne peut être reproduite, stockée dans un système de récupération ou transmise sous quelque forme que ce soit par quelque moyen que ce soit — électronique, mécanique, photocopie, enregistrement ou autre — sans l'autorisation écrite préalable de l'auteur, sauf dans le cas de brèves citations contenues dans des articles critiques ou des critiques.

Toutes les citations des Écritures, sauf indication contraire, sont tirées de la New King James Version®, copyright © 1982 par Thomas Nelson. Utilisé avec permission. Tous droits réservés.

Les citations scripturaires marquées ESV proviennent de la *Sainte Bible, version® standard anglaise*, copyright © 2001 par Crossway, un ministère éditorial de Good News Publishers. Utilisé avec permission. Tous droits réservés.

Les citations bibliques marquées NIV sont tirées de la *Sainte Bible, Nouvelle Version® Internationale*, copyright © 1973, 1978, 1984, 2011 par Biblica, Inc. ™ Utilisé avec permission. Tous droits réservés dans le monde entier.

Édité et compilé en collaboration avec :
Jean Héder Petit-Frère International

Pour plus de ressources, d'enseignements et de formation au Royaume, visitez : www.jhpetitfrere.com

Tous droits réservés dans le monde entier.

Table des matières

INTRODUCTION	9
CHAPITRE 1	13
LE SECRET DE LA VEUVE : LA FOI EN TEMPS DE CRISE	13
CHAPITRE 2	19
LES DEUX QUESTIONS QUI CHANGENT VOTRE DESTIN	19
CHAPITRE 3	25
LE POUVOIR D'UN « MAIS »	25
CHAPITRE 4	29
L'HUILE DANS TA MAISON	29
CHAPITRE 5	33
DÉCOUVRE TON HUILE	33
CHAPITRE 6	39
CAPACITÉ D'EMPRUNT : SYSTÈMES, STRUCTURES ET MENTORS	39
CHAPITRE 7	45
EMPRUNTER DES VAISSEAUX BIEN	45
CHAPITRE 8	51
FERMER LA PORTE : OBÉISSANCE PRIVÉE	51
CHAPITRE 9	57
VERSE JUSQU'À CE QUE ÇA S'ARRÊTE : LA LOI DE LA MULTIPLICATION DIVINE	57
CHAPITRE 10	63
L'ÉCONOMIE DU ROYAUME : VENDRE L'HUILE	63
CHAPITRE 11	69
LA LIMITE DE L'HUILE EST LA LIMITE DES RÉCIPIENTS	69
CHAPITRE 12	73
FOI POUR LE CIEL, CAPACITÉ POUR LA TERRE	73
CHAPITRE 13	79
BRISER TON ÉTAT D'ESPRIT DE PAUVRETÉ	79

CHAPITRE 14	87
LA CAPACITÉ DE LA VISION	87
CHAPITRE 15	93
PRÉPARER L'HUILE DE DEMAIN	93
CHAPITRE 16	99
FOI ET CAPACITÉ DANS LE MINISTÈRE, LE MARIAGE, L'ARGENT ET LE LEADERSHIP	99
CHAPITRE 17	107
VIVRE UNE VIE QUE DIEU PEUT REMPLIR	107
GUIDE D'ACTIVATION DE 21 JOURS	114

AVANT-PROPOS

Il y a des livres que nous lisons... et il y a qui nous lisent.

Celui-ci fait partie de ces rares ouvrages.

Dans « Quand la foi rencontre la capacité », le Dr Jean Héder Petit-Frère aborde l'une des dynamiques les plus mal comprises du Royaume de Dieu : le partenariat entre l'instruction divine et la préparation humaine.

Ce livre n'est pas seulement un commentaire sur 2 Rois 4 ; c'est un plan prophétique sur la manière dont Dieu transforme une vie, une famille, un ministère et une génération. À travers le parcours de la veuve, le Dr Héder nous plonge dans la tension entre le désespoir et la destinée, nous montrant que les miracles ne sont pas des événements aléatoires, mais le résultat de l'alignement, de l'obéissance, de la capacité et de la révélation.

Ce que j'apprécie le plus, c'est que ce livre ne romantise pas les miracles. Il nous montre que la foi seule ne suffit pas. Dieu comble toujours selon la capacité. L'huile ne s'arrête pas parce que Dieu ne le veut pas, elle s'arrête parce que le récipient est plein. Cette seule révélation, exprimée avec clarté et poids prophétique, a le pouvoir de repositionner tout croyant.

Le Dr Heder écrit en tant que pasteur, enseignant, prophète et voix apostolique pour cette génération. Ses réflexions sur l'aveuglement émotionnel, les traumatismes, la pression et la comparaison sont à la fois psychologiquement fondées et spirituellement percutantes. Son enseignement sur les systèmes, les récipients et la structure est profondément pratique. Et sa révélation sur l'économie du Royaume — « vendez l'huile et vivez du reste » — est profondément nécessaire au sein du Corps du Christ aujourd'hui.

Si vous vous êtes déjà senti coincé, vide, inadéquat, ignoré ou incertain quant à la prochaine étape à franchir, lisez ce livre lentement. Lisez-le dans un esprit de prière. Lisez-le avec espoir. Ces pages contiennent une feuille de route — une technologie du Royaume — pour passer de la limitation à la multiplication.

C'est un honneur pour moi de recommander cet ouvrage à tous les croyants, leaders et visionnaires qui désirent vivre une vie que Dieu peut remplir.

H.E. RT HON Dr. Phillip Phinn, DCPC, OEA
WOLMI President General
Ambassadeur senior auprès des Nations Unies

REMERCIEMENTS

Écrire un livre est un acte d'obéissance ; produire un livre est un acte de communauté. Aucun projet d'une telle portée ne s'accomplit seul, et je suis reconnaissant pour chaque main, chaque voix et chaque cœur qui ont contribué à ce parcours.

À ma famille spirituelle et au corps mondial des croyants : vous puisez sans cesse dans la grâce que Dieu a déposée sur ma vie. Votre faim spirituelle attire la révélation du ciel. Merci de valoriser le message du Royaume et de vous positionner avec intention pour grandir.

Aux leaders fidèles, aux pasteurs, aux serviteurs engagés dans de nombreux pays : votre constance m'inspire profondément. Votre dévouement à la transformation renforce ma détermination à écrire, enseigner, bâtir et servir avec excellence.

À celles et ceux qui encouragent, prient, soutiennent et croient en la vision que Dieu m'a confiée : votre partenariat rend possible l'extension de ce ministère, atteindre des vies, façonner des destins et étendre le Royaume.

À chaque lecteur qui accueillera ce livre avec espérance et attente : merci. Vous êtes la raison pour laquelle ces pages ont été écrites. Que ce message devienne pour vous une huile nouvelle pour votre voyage et un vase de préparation pour votre avenir.

Par-dessus tout, à l'Esprit Saint, mon enseignant, mon conseiller et ma source inépuisable : merci pour la révélation, pour l'inspiration et pour la grâce de mettre par écrit ce que Vous insufflez.

Gloire au Roi !

PRÉFACE

Il existe des livres que l'on lit une fois, et d'autres que l'on vit. Celui que tu tiens entre tes mains ne se contente pas d'expliquer un texte biblique : il révèle une stratégie divine. L'histoire de la veuve de 2 Rois 4 n'est pas seulement un récit ancien ; c'est un modèle éternel, un miroir spirituel et une feuille de route pour toute personne qui traverse un manque, une transition, une crise ou un appel à l'expansion. Ce livre te guide dans une vérité essentielle : **ce n'est jamais l'huile qui manque, mais les vaisseaux.**

Dans ces pages, tu découvriras que Dieu ne se contente pas de te donner une promesse. Il te donne une instruction. Il te confie un processus. Il te demande une participation. Car dans le Royaume, les miracles ne se produisent pas selon les besoins, mais selon la capacité. Dieu ne multiplie pas dans le vide ; Il multiplie dans la préparation. L'huile s'est arrêtée non parce que Dieu avait cessé de verser, mais parce qu'il n'y avait plus de récipients pour la contenir. Ce livre te montrera que le Ciel est plein, mais que ta vie ne débordera que si tu élargis les contenants que tu lui présentes.

Cette œuvre est née d'une vision : celle d'aider chaque lecteur à reconnaître l'huile qui se trouve déjà dans sa maison. Trop souvent, nous fixons nos regards sur ce qui nous manque, oubliant que Dieu commence toujours par ce qui reste. Une parole, une compétence, une connexion, un don, une faiblesse transformée… Le miracle n'est rarement ailleurs ; il est déjà là, caché dans le quotidien, attendant la reconnaissance et l'obéissance. Ce livre t'apprendra à repérer ce « petit pot d'huile » que tu as minimisé et à comprendre comment il peut changer ton histoire.

Tu découvriras également que la foi ouvre la porte, mais la capacité détermine le résultat. Il ne suffit pas de prier ; il faut préparer. Il ne suffit pas de croire ; il faut construire. Il ne suffit pas d'espérer ; il faut élargir. Les vaisseaux représentent ta discipline, ta vision, ta structure intérieure, tes relations, ta gestion, ta maturité et ta disponibilité. Chaque chapitre te mènera plus profondément dans ce processus de transformation intérieure, afin que tu deviennes un réceptacle capable de porter l'élévation que Dieu désire déposer dans ta vie.

Cet ouvrage n'est pas un commentaire théologique, mais un manuel de croissance. Il ne s'adresse pas seulement à ton intellect, mais à ton esprit. Il vient pour réveiller ta foi, élargir ta perspective, guérir ta vision, purifier tes motivations et activer ta destinée. Il te rappellera que Dieu ne cherche pas les parfaits, mais les préparés ; pas les puissants, mais les disponibles ; pas les talentueux, mais les fidèles.

Mon désir est que chaque page t'amène plus près de la transformation que Dieu a planifiée pour toi. Que tu entres dans ce livre comme dans la chambre de la veuve : les portes fermées, mais l'huile prête à couler. Que tu en ressortes avec une vision élargie, une foi mature, une capacité augmentée et des vaisseaux remplis.

Prépare-toi. Car lorsque ta foi rencontre ta capacité, ton destin commence à déborder.

INTRODUCTION

« Alors il leur toucha les yeux, en disant : Qu'il vous soit fait selon votre foi. » - Matthieu 9:29

« Et Élisée lui dit : Va demander au dehors des vases chez tous tes voisins, des vases vides, et n'en demande pas un petit nombre. »
2 Rois 4:3

Il existe, dans la marche spirituelle de chaque croyant, un seuil sacré où la question fondamentale cesse d'être : « *Dieu peut-Il le faire ?* » À ce niveau, la souveraineté de Dieu n'est plus en débat, Sa puissance n'est plus en négociation, Sa fidélité n'est plus un mystère. La véritable interrogation devient alors : « Ai-je la capacité de recevoir ce que Dieu est prêt à déverser ? » C'est à cette jonction, fragile, décisive et profondément transformatrice qu'est né ce livre.

Pendant des années, j'ai vu des hommes et des femmes sincères prier avec ferveur, adorer avec passion, jeûner avec persévérance et croire avec conviction… tout en demeurant néanmoins bloqués, limités, dépassés ou éternellement en dessous du potentiel divin qu'ils portent. Ce n'était pas le silence du ciel qui les retenait, mais l'étroitesse de leurs vases. La réponse de Dieu était prête ; la capacité humaine ne l'était pas encore.

La veuve de 2 Rois 4 devient alors le miroir de cette tension universelle. Sa foi était authentique, sa douleur palpable, son besoin incontestable. Pourtant, son miracle n'a pas commencé par une pluie nouvelle venant du ciel, mais par une question déconcertante, presque déroutante : « Qu'as-tu dans ta maison ? ».

Ce qu'elle cherchait à l'extérieur était déjà en elle. L'huile était présente. **La capacité ne l'était pas.**

Ce livre s'adresse à ceux qui ont un appel mais se sentent étroits dans leurs structures. À ceux qui portent l'onction mais se heurtent à leurs systèmes. À ceux qui prient pour l'augmentation mais vivent dans la limitation. À ceux qui savent qu'il y a de « l'huile » en eux, mais ignorent encore comment la canaliser, la multiplier, l'étendre ou la gouverner.

Ici, vous découvrirez que :

La foi ouvre la porte, mais la capacité retient la bénédiction.

L'onction crée des possibilités, mais la structure crée la longévité.

Les miracles commencent toujours avec ce que vous possédez, jamais avec ce qui vous manque.

L'augmentation est la volonté de Dieu, mais la préparation est votre responsabilité.

Dieu ne retient pas l'huile ; Il attend les vases.

Avant d'aller plus loin, souvenez-vous de ceci :

- Vous n'êtes pas vides.
- Vous n'êtes pas en retard.
- Vous n'êtes pas disqualifiés.

- Vous n'êtes pas oubliés.
- Vous avez de l'huile.
- Vous avez du potentiel.
- Vous avez quelque chose dans votre « maison » sur lequel Dieu est prêt à souffler.

Ce livre a été écrit pour vous aider à découvrir ce potentiel, à le cultiver, à l'étirer, à le structurer et à le préparer pour le débordement qui vient.

Ma prière est simple :
Que votre foi s'élève.
Que votre capacité s'agrandisse.
Et que vous deveniez un vaisseau que Dieu pourra remplir encore et encore, et encore.

Bienvenue dans le licu où le ciel touche la terre.
Bienvenue dans l'espace sacré où la foi rencontre la capacité.

Dr Jean Héder Petit-Frère

CHAPITRE 1

LE SECRET DE LA VEUVE : LA FOI EN TEMPS DE CRISE

« Une femme d'entre les femmes des fils des prophètes cria à Élisée, disant : Ton serviteur, mon mari, est mort ; et tu sais que ton serviteur craignait l'Éternel. Et le créancier est venu pour prendre mes deux enfants et en faire ses esclaves. » - 2 Rois 4:1

La crise possède cette capacité mystérieuse de mettre en lumière ce que la stabilité parvient souvent à dissimuler. La veuve de *2 Rois 4* ne se rendit pas auprès d'Élisée dans l'espoir d'obtenir davantage d'huile. Elle y alla parce que la vie l'avait conduite au bord du gouffre : la mort de son mari, la menace imminente de perdre ses fils, et le poids suffocant de la dette et du désespoir l'obligèrent à chercher secours. Ce qu'elle avait en elle, une étincelle de foi, un reste d'huile, une histoire spirituelle, était réel mais enfoui sous le poids de sa saison.

Pourtant, l'Écriture ne la décrit jamais comme une femme brisée ou sans valeur. Elle la présente comme « **l'épouse d'un prophète** », une femme dont l'identité repose non sur sa crise, mais sur un héritage de crainte de Dieu, de fidélité et d'alliance. Elle n'est pas définie par ce qu'elle a perdu, mais par Celui auquel son mari appartenait : « *Ton serviteur craignait l'Éternel* » (2 Rois 4:1).

Il existe une forme de foi qui ne s'exprime pas dans le bruit, les acclamations ou les démonstrations visibles. Une foi qui se manifeste plutôt dans les pas fatigués mais obstinés d'une âme qui refuse de lâcher Dieu même lorsque tout se disloque.

La foi n'est pas toujours triomphante en apparence :
Parfois, elle marche avec des mains tremblantes ;
Parfois, elle avance trempée de larmes ;
Parfois, elle ne survit qu'au rythme fragile d'un murmure.

Mais la foi qui choisit encore de se rapprocher de Dieu, même chargée de questions, est la foi que Dieu peut prendre et multiplier. C'est cette foi discrète, blessée mais vivante, que le Ciel reconnaît et que l'Éternel honore.

Son cri fut le début de son miracle

Le texte dit : « Là, une certaine femme pleura… » Son cri n'était pas une simple supplication. C'était un appel urgent, une demande d'intervention divine, le signe qu'au plus profond d'elle, quelque chose refusait de céder.

Il existe un cri que Dieu ne peut ignorer. Le Ciel reconnaît ce cri lorsqu'il est sincère — un cri qui murmure : « Je ne peux pas rester où je suis. »

Le cri de cette veuve est celui de chaque croyant qui s'est un jour tenu entre la perte et la promesse, entre la dette et la délivrance, entre le vide et l'attente.

Dieu n'est pas menacé par ton cri ; Il en est attiré. David déclare : « Ce pauvre homme cria, et le Seigneur l'entendit, et le sauva de toutes ses détresses. » (Psaume 34:6)

Ton cri peut jaillir de la douleur, mais il porte en lui l'ADN d'une percée.

Quand la crise rencontre le pacte

Quand la crise rencontre le pacte, tout change. La veuve fit appel à Élisée sur la base de l'alliance : « Ton serviteur, mon mari, craignait le Seigneur. » Elle ne réclamait pas de charité ; elle invoquait sa légitimité spirituelle. Elle rappelait au prophète, et au ciel, la droiture de son mari. Quand tu marches droit, le ciel garde les traces. Quand tu crains le Seigneur, ton travail n'est jamais vain. Et lorsque tu sers avec fidélité, Dieu honore la graine, même longtemps après le départ du Semeur.

La dévotion de son mari devint pour elle une base légale, car « la mémoire des justes sera bénie » (Proverbes 10:7). Dieu n'oublie ni ton sacrifice, ni ton service, ni ta crainte de Lui : ton obéissance devient une monnaie générationnelle. La crise de la veuve n'était pas seulement émotionnelle, elle était financière : « Le créancier est venu prendre mes deux fils... » La dette n'est pas qu'un simple enjeu économique ; c'est un dévoreur de destin qui vole le potentiel futur, tente d'asservir des générations et menace de briser l'héritage au cœur même de son existence. Ses fils représentaient sa lignée, sa force, sa continuité et sa place dans la société ; les perdre, c'était tout perdre. Mais Dieu ne permet jamais à l'ennemi de menacer ton avenir sans avoir déjà préparé un plan pour le protéger.

La crise révèle ce que vous avez vraiment

La crise révèle ce que tu as vraiment. La réponse d'Élisée semble presque offensante : « Dis-moi, qu'as-tu chez toi ? » (2 Rois 4:2). Pour quelqu'un brisé par le deuil et étouffé par les dettes, une telle question paraît insensible, mais le Paradis commence toujours les miracles par l'inventaire, pas par la sympathie. Dieu ne multiplie pas ce que tu espères : Il multiplie ce que tu as déjà. Ton miracle n'est presque jamais ailleurs ; il se cache souvent en toi, dans ton don, ton habileté, tes graines, tes relations, tes idées, ton potentiel, ton huile. Comme la veuve, tu penses peut-être n'avoir « rien… sauf un petit pot d'huile ». Pourtant, ce « petit » est souvent le point de départ du Ciel. Ne sous-estime jamais les possibilités divines cachées dans ce qui te semble insignifiant.

La foi commence toujours par l'honnêteté

Comme la veuve qui a admis : « Je n'ai rien… sauf… », tu dois reconnaître la vérité de ta situation. Dieu ne peut pas bénir la personne que tu prétends être ; la percée commence exactement là où commence l'honnêteté. Pour toi, le « rien… sauf » peut ressembler à : « Je n'ai rien d'autre que la maigre force qui me reste », « Je n'ai rien d'autre que cette petite idée », « Je n'ai rien d'autre qu'un mariage brisé où il reste encore un peu d'amour », ou encore : « Je n'ai rien d'autre que ma volonté d'essayer à nouveau. » La vérité ouvre toujours la porte aux miracles.

Son secret n'était pas son huile. C'était sa foi en pleine crise. Elle a choisi de pleurer à la bonne source, de parler avec honnêteté, d'agir malgré la peur et de faire confiance à une instruction prophétique qu'elle ne comprenait pas. La foi n'élimine pas la crise ; la foi te guide à travers la crise. La veuve t'enseigne que lorsque la vie s'effondre, ta foi doit s'éveiller : pas bruyante, pas dramatique, pas parfaite… juste volontaire. Parce que la foi qui est volontaire devient une foi qui se multiplie.

Ce chapitre explore la saison de désespoir vécue par la veuve et révèle le schéma divin souvent caché dans la douleur. Son vide devint l'espace même où Dieu put intervenir. La foi véritable commence précisément là où les forces humaines s'éteignent. Lorsque Dieu lui demande : « Qu'as-tu chez toi ? », Il lui montre que les miracles naissent fréquemment de ce qui est déjà à notre portée. Ce chapitre pose ainsi le fondement spirituel : la prise de conscience, l'honnêteté devant Dieu et l'abandon confiant sont les premières portes d'accès à la capacité, à la provision et à la transformation.

Questions de réflexion

1. Quelle crise actuelle pourrait, en réalité, être pour toi une ouverture vers une expansion plus grande ?
2. Quels dons, quelles compétences ou quelles relations possèdes-tu déjà, mais que tu ne valorises pas pleinement ?
3. Dans quels domaines la peur a-t-elle réduit ta capacité à croire, à décider ou à avancer ?
4. Comment peux-tu passer d'une réaction de panique à une posture de discernement, de calme et de perspective prophétique ?
5. Quel acte simple d'obéissance peux-tu poser aujourd'hui pour ouvrir la voie à ta prochaine étape ?

CHAPITRE 2

LES DEUX QUESTIONS QUI CHANGENT VOTRE DESTIN

« Alors il dit : *Que dois-je faire pour toi ?*
Dis-moi, qu'as-tu chez toi ? »- 2 Rois 4:2

Certains épisodes des Écritures sont d'une telle densité spirituelle, d'une telle portée existentielle que l'avenir d'un individu semble suspendu à la manière dont il y répond. Dans l'histoire de la veuve de 2 Rois 4, tout converge vers deux interrogations formulées par le prophète Élisée, deux questions que Dieu adresse encore, aujourd'hui, à tout croyant en quête de lumière et de délivrance.

Il ne s'agit nullement de questions ordinaires. Ce sont des interrogations fondatrices, des questions de destinée. Elles pénètrent sous la surface de la peur, débusquent ce que le chagrin a enfoui, mettent à nu ce que la déception a recouvert, et brisent le voile que la simple survie a parfois imposé sur l'âme. Elles nous arrachent au tumulte intérieur pour nous introduire dans la sphère où s'opère le miraculeux.

Un détail mérite une attention particulière :

- Élisée ne commença ni par prier,
- ni par imposer les mains,
- ni par déclarer une parole prophétique.
- Il commença par questionner.

Pourquoi ? Parce que Dieu, dans Sa sagesse, recourt fréquemment aux questions pour susciter la révélation. L'interrogation ouvre la conscience, réveille l'esprit, prépare le terrain où la grâce pourra se déployer.

Le Christ lui-même emprunta cette voie. Il demanda :
« Qui dit-on que je suis ? »
« Crois-tu que je puisse accomplir cela ? »
« Que veux-tu que je fasse pour toi ? »
« Veux-tu être rendu entier ? »

Ainsi, les questions deviennent des clés spirituelles : elles ouvrent les portes que les miracles franchissent.

La première question -« Que dois-je faire pour toi ? »

Cette interrogation ouvre la porte à deux réalités d'une profondeur exceptionnelle :

1. Dieu honore ta singularité

Le prophète ne présuma pas connaître son besoin. Il ne déclara ni : « Je sais ce que tu désires », ni : « Je comprends déjà ta situation ». Il demanda simplement : « Que veux-tu que je fasse pour toi ? »

Le ciel requiert la clarté. La foi authentique ne demeure pas vague : elle s'exprime, elle nomme, elle formule. Car des désirs indistincts produisent des résultats indistincts. Mais des demandes précises appellent des interventions précises.

Ainsi, lorsque Bartimée s'écria : « Aie pitié de moi ! », Jésus répondit par cette même question : « Que veux-tu que je fasse pour toi ? » Non parce qu'Il manquait de connaissance, mais parce que **l'articulation active le miracle**. Ce que tu exposes devant Dieu détermine ce que Dieu expose devant toi.

La veuve, elle aussi, aurait pu solliciter du réconfort, une protection temporaire, une simple survie, un acte de justice, ou même une somme d'argent pour apaiser l'urgence. Mais elle demanda **la délivrance**, une percée enracinée dans l'alliance, alignée avec le dessein divin et capable de transformer non pas seulement son présent, mais toute sa trajectoire.

Dieu vous invite à être partenaires

Élisée n'a pas posé cette question par ignorance ; il l'a posée pour **impliquer la veuve dans l'action divine**. Dieu ne se met jamais en mouvement dans ta vie sans t'inviter à participer au processus.

Ton miracle n'est jamais un acte passif : il implique ta décision, ta foi, ton honnêteté, tes attentes, ta confiance et **ton obéissance**.

Dieu accomplit Sa part… mais Il t'appelle à faire la tienne. La question « *Que dois-je faire pour vous ?* » est une invitation divine : « Dis-moi comment tu veux que j'intervienne afin que je puisse aligner mon pouvoir avec tes attentes. »

La deuxième question -« Qu'avez-vous chez vous ? »

C'est la question qui distingue les rêveurs des accomplisseurs, les spectateurs des participants, et les désespérés de ceux qui voient la promesse s'accomplir. Dieu ne commence jamais par ce qui te manque ; Il commence par ce qu'il te reste. La veuve pensait n'avoir rien de valeur, et sa réponse fut presque désinvolte : « Je n'ai rien… sauf un petit bocal d'huile. » Mais l'économie de Dieu fonctionne autrement : ce qui semble peu entre les mains humaines devient beaucoup entre les mains divines. Les miracles ne commencent presque jamais à l'extérieur ; ils commencent à l'intérieur, là où Dieu t'invite à faire l'inventaire de ce que tu possèdes déjà.

Ces deux questions sont essentielles parce qu'elles révèlent tout : ce que tu veux, ce que tu as, ce que tu crois, ce que tu es prêt à offrir, l'emplacement réel de ta foi et la manière dont Dieu agira ensuite. Ce sont les questions les plus importantes auxquelles tu répondras en période de besoin. Lorsque Dieu te demande : « Que veux-tu ? », Il révèle ta concentration ; et lorsqu'Il te demande : « Qu'est-ce que tu as ? », Il révèle ta capacité. Dieu aligne toujours Ses miracles sur ton désir et sur ta capacité. Vouloir un miracle ne suffit pas : **tu dois découvrir ton huile.**

Tu ne peux rien recevoir tant que tu ne t'es pas identifié à ce que Dieu a déjà placé en toi. La veuve possédait de l'huile mais n'en voyait pas la valeur ; les disciples avaient cinq pains et deux poissons mais n'en comprenaient pas le potentiel ; Moïse tenait un bâton sans réaliser sa puissance ; David portait une simple écharpe sans reconnaître l'onction qui l'accompagnait. Dieu pose toujours les mêmes questions : « Qu'as-tu dans la main ? » et « Qu'y a-t-il chez toi ? », parce que les miracles coulent toujours à travers ce que tu possèdes déjà. Alors, qu'as-tu ? Un don, un talent, une connexion, une idée d'entreprise, une vie de prière, une voix, une vision ou une compétence que tu as peut-être cessé d'utiliser. Tu as quelque chose. Tout le monde a quelque chose. **L'huile ne manque jamais, elle passe seulement inaperçue.**

Les questions qui changent ton destin ne sont jamais théoriques : ta réponse détermine le prochain chapitre de ta vie. La première est : **Que crois-tu que Dieu peut faire pour toi aujourd'hui ?** Pas demain. Pas un jour. Aujourd'hui. La seconde est : **Qu'as-tu que Dieu peut utiliser ?** Pas ce que tu as perdu, pas ce que les autres possèdent, pas ce que tu avais autrefois, mais ce que tu as **maintenant**, entre tes mains, dans ton cœur, dans ta maison. C'est à partir de ces réponses que Dieu écrit la suite de ton histoire. Ce sont ces questions qui transforment la crise en capacité, le manque en débordement et le désespoir en destin.

Ce chapitre met en lumière les deux questions divines qu'Élisée adressa à la veuve : « Que veux-tu ? » et « Qu'est-ce que tu as ? ». Le destin s'appuie sur la clarté du désir et l'honnêteté de l'inventaire. Dieu ne multiplie jamais la confusion. **Il multiplie la clarté**. Lorsque tu peux exprimer précisément ce que tu désires et reconnaître ce qui demeure encore dans ta main, tu débloques la stratégie du Ciel. Ces deux questions révèlent tes peurs, affinent ta vision et activent ta capacité intérieure.

Questions de réflexion

1. Qu'attends-tu réellement de Dieu dans cette saison, précisément ?
2. Ton mode de vie actuel reflète-t-il ce que tu dis désirer ?
3. Quel "peu" possèdes-tu que Dieu pourrait vouloir utiliser ?
4. Où as-tu sous-estimé la valeur de ce que tu as déjà ?
5. Si Dieu te posait ces deux questions aujourd'hui, comment répondrais-tu différemment ?

LE POUVOIR D'UN
« MAIS »

Dans chaque histoire de foi, il existe un mot qui change tout. Un mot si petit qu'on pourrait le négliger, mais si puissant qu'il peut déplacer l'histoire d'une vie. Ce mot, c'est « mais ». Lorsque la veuve dit : « Je n'ai rien… *mais* un petit pot d'huile », elle ne prononce pas un simple connecteur grammatical ; elle ouvre une porte spirituelle. Son « mais » devient le pont entre le manque et la possibilité, entre la crise et la création, entre ce qu'elle voit et ce que Dieu peut faire. Là où la plupart s'arrêtent à l'inventaire de ce qui manque, la foi repère ce qui reste. Ton miracle commence là : dans ta capacité à ajouter un « mais » là où le désespoir proclame un point final. Ce chapitre t'invite à découvrir comment ce petit mot peut renverser ton histoire, réécrire ta vision et activer la multiplication du Royaume dans ta propre vie.

« Rien… MAIS » est le langage même des miracles. Dans les Écritures, chaque fois que Dieu s'apprête à intervenir, un « mais » vient recadrer la réalité et ouvrir une brèche surnaturelle : « Nous n'avons rien ici… mais cinq pains et deux poissons » ; « Je ne sais pas parler… mais le Seigneur sera avec ma bouche » ; « Nous n'avons plus de vin… mais il y a six jarres d'eau » ; « Personne ne peut l'affronter… mais il y a un jeune garçon avec une écharpe » ; « L'armée est trop nombreuse… mais renvoie les craintifs ». Les miracles commencent exactement là où les excuses prennent fin. Le « mais » dans ta vie révèle la graine que Dieu veut multiplier, la ressource que tu as négligée, le don que tu as minimisé, la relation que tu as sous-estimée, l'idée que tu as abandonnée, ou la force que tu portes encore. **Ton « mais » est la porte d'entrée vers la stratégie divine.**

Le « MAIS » révèle ta capacité restante. La veuve avait tout perdu : son mari, sa stabilité, ses revenus, sa paix, sa sécurité, sa réputation et même son espoir. Tout semblait s'être effondré, sauf un petit reste, une simple marmite d'huile, insignifiante aux yeux des hommes mais précieuse aux yeux de Dieu. Dieu ne te demande jamais ce que tu as perdu ; Il te demande ce qui te reste. Car c'est dans ton « mais » que se cache ta capacité encore vivante. Cela peut te sembler dérisoire, mais chaque graine commence petite, chaque mouvement débute par un pas, chaque retournement s'enclenche par un acte d'obéissance, et chaque percée naît de ce qu'il te reste encore entre les mains. Ta capacité restante devient alors la matière première dont le ciel se sert pour transformer ton histoire pour ton prochain miracle.

La foi doit être honnête, mais elle doit aussi être pleine d'attente. La veuve a parlé avec vérité, « Je n'ai rien… », puis avec espoir, « …mais un peu d'huile. » L'honnêteté apporte la précision dont Dieu a besoin ; l'attente ouvre la porte aux possibilités du ciel. La foi ne peut pas grandir dans le déni, mais elle ne peut pas non plus s'épanouir dans le défaitisme. C'est pourquoi ton « mais » est si important : il unit dans une même phrase la réalité humaine et le potentiel divin. Lorsque tu dis : « Mon mariage est en difficulté… mais on s'aime toujours », « Mes finances sont serrées… mais Dieu a toujours pourvu », « Je me sens faible… mais Sa force est rendue parfaite dans la faiblesse », ou encore « Je me sens ignoré… mais j'ai encore un don », tu te positionnes exactement à l'endroit où les miracles commencent : entre ce que tu vois et ce que Dieu peut faire.

Ton « MAIS » est une porte ouverte qui permet au Paradis d'entrer. Dieu laisse toujours quelque chose entre tes mains : quelque chose à utiliser, à offrir, à activer, à obéir, à verser, ou à voir se multiplier. Le « mais » de la veuve révélait précisément l'ingrédient dont Dieu avait besoin pour déclencher le débordement. Ton miracle ne se trouve jamais dans ce que tu n'as pas, mais dans ce que tu as encore. Lorsque la veuve a dit : « … mais un peu d'huile », la trajectoire de toute son histoire a changé. Son avenir s'est débloqué, l'instruction prophétique a commencé, le sauvetage de ses fils s'est mis en marche, et sa capacité restante a été révélée. Ton « mais » déclenche la même dynamique. Quel est le tien ? Peut-être dis-tu : « J'ai peu de force… mais je tiens toujours debout », « Je n'ai pas beaucoup d'argent… mais j'ai de la discipline », « Je n'ai aucun soutien… mais j'ai une vision », « Je suis en deuil… mais je crois encore », ou « Je suis fatigué… mais je n'abandonne pas. » **Tout ce qui vient après ton « mais » devient le matériau dont Dieu se sert pour construire ta prochaine saison.**

La foi de la veuve a basculé au moment précis où elle a prononcé son « MAIS ». En une seule phrase, elle est passée de la crise à la possibilité, du désespoir à l'attente, puis de la peur à la participation. Son monde extérieur n'avait pas changé, mais son regard, oui. Elle avait choisi de remarquer ce qui restait plutôt que ce qui avait été perdu. C'est là que réside souvent la vraie percée : elle n'arrive pas lorsque la situation s'améliore, mais lorsque la perspective se transforme. Ton huile n'a jamais été le problème ; c'est ton point de vue qui l'était. Lorsque tu identifies ton propre « mais », tu réalignes ton cœur avec la stratégie de Dieu et tu invites le miracle à commencer son œuvre.

Le pouvoir d'un « mais » dans ton histoire réside dans les questions qu'il t'oblige à te poser : *Qu'est-ce qu'il me reste vraiment ? Qu'est-ce que j'ai encore entre les mains ? Qu'est-ce qui demeure dans mon esprit ? Qu'est-ce que je porte encore dans mon cœur ?* Car au moment où tu discernes ce reste, ton miracle s'active. Tout comme la femme qui déclara : « Il ne me reste qu'un peu d'huile », et dont la vie fut transformée à partir de ce mot pivot, ton « mais » peut devenir le pont entre ta douleur et ta destinée. Ce chapitre t'enseigne que Dieu utilise souvent ce que tu considères comme insignifiant pour dévoiler une solution divine. Le langage de la foi ne nie pas la carence : il la recadre, restaure l'espérance et ouvre des opportunités inattendues.

Questions de réflexion

1. Quel est ton « mais » actuel, ce petit reste que tu as sous-estimé mais que Dieu pourrait utiliser ?
2. Qu'as-tu dans ta vie que tu considérais comme insignifiant, mais qui pourrait être le point de départ d'une percée ?
3. Dans quels domaines as-tu trop regardé ce qui manque plutôt que ce qui reste ?
4. Qu'est-ce que ton cœur porte encore, malgré la douleur ou la perte, et qui pourrait servir de graine pour un renouveau ?
5. Quel changement de langage, de la plainte vers la foi, dois-tu opérer pour recadrer ta situation actuelle ?

L'HUILE DANS TA MAISON

« Et elle dit : 'Votre serviteur n'a rien dans la maison à part un bocal d'huile.' » (2 Rois 4:2)

Il y a des moments où le bruit de la crise devient si assourdissant qu'il nous aveugle aux ressources que Dieu a déjà placées à notre portée. Comme la veuve, nous fouillons notre vie avec les yeux de la perte plutôt qu'avec les yeux de la foi, ne voyant que le vide et l'absence de ce qui n'est plus. Pourtant, lorsque Dieu regarde la même scène, Il voit ce qu'on ne voit plus : de l'huile, du potentiel, une capacité encore vivante, un miracle simplement en attente d'être reconnu. Parfois, les plus grandes percées ne sont pas découvertes pour la première fois, elles sont rappelées, parce qu'elles étaient là tout le long, constantes, silencieuses, prêtes à être activées.

L'huile n'était pas nouveau, il était simplement négligé. La veuve n'a jamais affirmé : « Je n'ai pas d'huile » ; elle a dit : « Je n'ai rien d'autre qu'un peu d'huile. » Ce petit bocal représentait ce qu'elle avait encore, ce qu'elle avait sous-estimé, ignoré, laissé de côté, et pourtant, c'est précisément ce que Dieu voulait utiliser. Son miracle ne dépendait pas d'une provision extérieure, mais de ce qui se trouvait déjà dans sa maison. Ainsi en est-il de la baguette de Moïse, de l'écharpe de David, des trois cents hommes de Gédéon, des pains et des poissons, du bocal d'albâtre, ou encore du petit nuage qu'Élie vit, de la taille d'une main d'homme : Dieu utilise toujours ce qui reste. Le problème n'était pas l'huile ; le problème était la perception qu'elle avait de sa valeur.

L'huile représente ce que Dieu t'a déjà donné. Dans les Écritures, elle symbolise l'onction, la capacité, les dons, le métier, l'habilitation divine, le potentiel prophétique et l'héritage spirituel. La veuve avait de l'huile, mais elle en ignorait la valeur, et beaucoup de croyants vivent de la même manière : des dons qu'ils appellent « rien », des forces qu'ils minimisent, des idées qu'ils ne mettent jamais en œuvre, des rêves qu'ils enterrent sous le découragement, des passions qu'ils jugent insignifiantes, des compétences qu'ils sous-estiment continuellement. Pourtant, le ciel déclenche toujours les miracles en révélant ce que tu as encore, pas ce que tu as perdu. Ton huile peut sembler petite, mais elle est toujours suffisante. L'huile de la veuve était « peu », mais dans l'économie de Dieu, le petit n'a jamais été une limite, c'est une porte d'entrée. Jésus dit : « Le royaume des cieux est comme une graine de moutarde… » : un grain si minuscule qu'il peut être emporté par le vent, mais qui porte en lui la capacité de devenir une forêt. Rien n'a besoin d'être grand pour que Dieu l'utilise ; il suffit de le reconnaître et de le Lui remettre.

Qu'est-ce que l' « huile » dans ta maison ? Chaque croyant possède une huile, quelque chose que Dieu peut utiliser : un talent, une compétence, une relation, une habitude disciplinée, une idée, un rêve oublié, un appel ministériel mis de côté ou même une simple porte entrouverte que tu n'as pas encore franchie. Ton miracle ne commence jamais avec ce qui se trouve à l'extérieur, mais toujours avec l'huile que Dieu a déjà placée en toi. La vraie question n'est donc pas : « Ai-je de l'huile ? », mais plutôt : « Ai-je reconnu mon huile ? » On n'est jamais aussi vide qu'on le ressent, car Dieu veille toujours à laisser une graine, un vestige, un point de départ dans ta « maison ». Si souvent, nous avons du mal à voir notre propre huile pour la même raison que la veuve : nous sous-estimons la valeur de ce que Dieu nous a confié.

Ses émotions étaient plus fortes que sa foi : le chagrin et la peur brouillaient sa perception, sa crise éclipsait sa capacité et la douleur réduisait sa conscience. Elle comparait son manque à l'abondance des autres, oubliant que la comparaison tue la reconnaissance. Comme beaucoup, elle ignorait ce qui semblait insignifiant, faisant confiance à ce qui paraissait grand au lieu de voir le potentiel dans ce qui était petit. Elle fixait ses yeux sur les créanciers alors que Dieu voyait des contenants. Aujourd'hui encore, de nombreux croyants ne demandent pas : « Qu'est-ce que j'ai ? », mais plutôt : « Pourquoi je n'en ai pas plus ? » Pourtant, les miracles commencent toujours avec ce que tu as, jamais avec ce qui te manque. Ton huile est l'indice de ta mission. Dans les Écritures, l'huile s'aligne toujours avec l'identité et le destin : David fut oint pour diriger, Élisée pour prophétiser, les prêtres pour servir, les rois pour gouverner, et Jésus pour annoncer la bonne nouvelle. **Ton huile révèle qui tu es, ce à quoi tu es appelé, où ton impact doit se manifester et ce que le ciel attend de toi. Ton huile n'est pas aléatoire, elle est prophétique, intentionnelle, divine et elle est déjà dans ta maison.**

Le miracle était déjà en marche. Au moment où la veuve reconnut son huile, le processus divin commença. Elle n'avait pas encore emprunté de récipients, ni fermé sa porte, ni versé une seule goutte. Mais dès qu'elle admit : « J'ai de l'huile », l'instruction prophétique arriva. Car la reconnaissance précède toujours la révélation. De la même manière, certaines des plus grandes avancées de ta vie commenceront lorsque tu cesseras de dire : « Je n'ai rien » et que tu commenceras à déclarer : « J'ai de l'huile. » Dieu ne peut pas utiliser ce que tu refuses de reconnaître. L'huile dans ta maison est suffisante pour la saison qui vient. La veuve est passée de la pauvreté à la provision, du désespoir à la direction, de la perte à l'héritage. Elle est passée du vide au débordement. Et tout a commencé avec l'huile qu'elle possédait déjà. Ta prochaine saison ne dépendra pas de ce que les autres te donnent ni de ce que tu aurais aimé avoir. Ton miracle **sera bâti sur les ressources que Dieu a déjà placées dans ta vie, et ce qu'Il met dans ta maison est toujours suffisant pour initier ton miracle.**

Ce chapitre révèle comment une croissance divine commence toujours avec ce que tu possèdes déjà. L'huile de la veuve symbolisait son caractère, ses dons, son appel et son potentiel d'accomplir l'extraordinaire. Entre les mains de Dieu, même ce qui semble insignifiant devient essentiel. Ton « huile » - tes capacités, tes ressources, ton histoire, ton talent - est souvent juste devant toi, attendant d'être reconnue, activée et utilisée pour libérer ta prochaine saison.

Questions de réflexion

1. Quel don ou quelle capacité as-tu sous-estimé dans ta vie ?
2. Qui a contribué à verser de l'huile dans ton parcours, façonnant la personne que tu es aujourd'hui ?
3. Quelles sont les forces uniques que Dieu a placées dans ta « maison » ?
4. Quelle action concrète pourrais-tu entreprendre cette semaine pour commencer à activer ton huile ?
5. Comment ta vie changerait-elle si tu prenais réellement ton huile au sérieux ?

DÉCOUVRE TON HUILE

Dis-moi, qu'as-tu chez toi ? -(2 Rois 4:2)

Chaque miracle dans la vie de la veuve commence avec une seule question : « Qu'as-tu dans ta maison ? » Dieu n'a pas débuté avec ce qui lui manquait ; Il a commencé avec ce qu'elle possédait. Il n'a pas regardé la rareté, mais la graine. Il ne s'est pas attardé à sa douleur, mais à son potentiel. Cette question est la charnière sur laquelle toute l'histoire repose : c'est le moment d'éveil, l'instant où la révélation rencontre la responsabilité, où le désespoir cède la place à la destinée. Ton huile n'est pas quelque chose que tu dois aller chercher : c'est ce que tu dois reconnaître. Elle est déjà dans ta maison, dans ta vie, dans ton histoire et dans tes mains. Ton huile est ton avantage divin.

Découvrir son huile commence par la conscience

La plupart des gens négligent ce que Dieu leur a donné parce que cela leur paraît trop petit, trop familier, trop ordinaire ou trop insignifiant. Pourtant, les miracles commencent rarement avec l'abondance ; ils commencent avec ce qui semble négligeable :

- le bâton de Moïse,
- la fronde de David,
- le déjeuner du jeune garçon,
- la force de Gédéon,
- l'intellect de Paul,
- l'huile de la veuve.

La petitesse de ton don n'est pas un signe de faiblesse, mais une preuve d'intention divine. Dieu cache souvent la grandeur dans de très petits commencements.

Pourquoi tant de personnes ne reconnaissent pas leur huile

La veuve dit d'abord : « Je n'ai rien… », puis se corrigea immédiatement : « … sauf un petit récipient d'huile ». Son huile était enfouie sous son chagrin, son traumatisme, sa fatigue, sa déception, sa peur et son doute. Beaucoup de croyants vivent la même réalité : leur douleur parle plus fort que leur potentiel.

Le chagrin aveugle.

Le deuil déforme.

La peur rétrécit.

La comparaison étouffe.

Les échecs passés trompent.

Mais ton huile est plus forte que ton passé. Ton appel plus fort que ton traumatisme. Ton potentiel plus grand que ta douleur. Dieu voit ce que tu négliges.

Ton huile est ton don donné par Dieu

L'huile symbolise ce que Dieu a placé en toi pour bénir les autres et soutenir ta vie : talents, compétences, idées, créativité, sagesse, intuition, dons spirituels, expérience, passion, appel, onction, tempérament, forces personnelles et perspective unique. Ton huile est un dépôt divin qui fait de toi une personne unique. Tu n'es pas vide : tu es doté. Tu n'es pas ordinaire : tu es oint. Tu n'es pas aléatoire : tu es intentionnel.

Signes de ton huile

Ton huile se manifeste souvent dans ce qui :

- est facile pour toi, mais difficile pour les autres ;
- coule naturellement sans effort ;
- attire les autres (conseils, aide, clarté, soutien) ;
- te donne une joie profonde ou une frustration constructive ;
- te fait sentir une responsabilité spirituelle ;
- retient ton attention pendant des heures ;
- revient dans tes rêves, tes prières ou les prophéties reçues ;
- est lié à tes luttes ou à tes percées ;
- produit des résultats immédiats chez les autres.

Reconnaître ton huile est la première étape vers sa multiplication.

Ton huile est liée à ta mission

- Ton huile n'est jamais aléatoire ; elle correspond toujours à ta

mission.
- L'huile de Joseph : administration et gouvernance.
- L'huile de Daniel : sagesse et excellence.
- L'huile d'Esther : influence et intercession.
- L'huile de David : leadership.
- L'huile de Salomon : discernement.
- L'huile de Déborah : stratégie et gouvernement.
- L'huile de Paul : révélation et enseignement.
- L'huile de la veuve : potentiel entrepreneurial.

Dieu te donne une huile qui correspond au dessein qu'Il t'a confié.

Ton huile se trouve souvent dans ton histoire

Ton huile est parfois cachée dans ton éducation, ton environnement, tes habitudes, ta douleur, tes compétences de survie, tes triomphes et même tes erreurs. L'histoire de Moïse, entre palais et désert, l'a rendu apte à diriger. L'histoire de Joseph, fosses, prisons, palais, a façonné son gouvernement. Ton huile est le fruit de tout ce que tu as surmonté. Rien dans ta vie n'est perdu. L'huile est extraite d'olives écrasées : la tienne naît aussi de tes saisons brisées.

Questions pour découvrir ton huile

Pour discerner ton huile, demande-toi :

- Qu'est-ce que je réussis facilement ?
- Pour quoi les gens me remercient-ils constamment ?
- Quels problèmes je résous naturellement ?
- Qu'ai-je développé à travers mes blessures ?

- Quelles compétences se sont affinées avec le temps ?
- Qu'est-ce qui me rend vivant spirituellement ?
- Qu'est-ce qui me frustre lorsqu'il est mal fait ?
- Qu'est-ce que je ferais même sans être payé ?
- Qu'est-ce que je considère comme un privilège ?
- Où les portes s'ouvrent-elles naturellement pour moi ?

Ton huile devient plus visible lorsque tu es honnête avec ces questions.

Ton huile a une valeur économique

L'huile de la veuve n'était pas seulement spirituelle ; elle est devenue financière. La première instruction divine fut : « Vends l'huile. » Beaucoup de croyants séparent leur don du marché, mais ton huile peut :

- te soutenir financièrement,
- nourrir ta famille,
- financer ton appel,
- devenir ton entreprise,
- briser la pauvreté générationnelle.

Ton huile a de la valeur dans le ministère, le marché, l'entrepreneuriat, la créativité, les relations, la communauté et le leadership. Ton huile n'est pas seulement ce que tu es ; c'est ce que tu apportes au monde.

Ton huile doit être activée

La reconnaissance sans activation crée la stagnation. Tu dois faire ce que la veuve a fait :

- reconnaître ton huile ;
- augmenter ta capacité (rassembler des vases) ;
- protéger ton environnement (fermer la porte) ;
- utiliser ton don (verser) ;
- maximiser chaque opportunité (remplir chaque récipient) ;
- entrer dans ta mission (vendre l'huile) ;
- vivre dans ton appel (vivre du reste).

Ton huile n'est pas un souvenir : c'est un outil de destinée. Le monde attend l'huile que tu portes.

Ce chapitre accompagne le lecteur dans la découverte de son don, de sa passion, de son appel et de sa mission spirituelle. Tout le monde a de l'huile, mais peu de gens la reconnaissent. Par l'introspection, la prière, l'écoute et la sagesse, tu découvres le dépôt divin qui te distingue. Ton huile est l'indice de ta destinée.

Questions de réflexion

1. Quelles activités te semblent naturelles et porteuses de vie ?
2. Que soulignent constamment les autres au sujet de tes forces ?
3. Qu'est-ce qui te frustre profondément, révélant peut-être ta vocation ?
4. Quelles opportunités reviennent sans cesse vers toi ?
5. Comment Dieu met-Il en lumière l'unicité de ta contribution aux autres ?

CAPACITÉ D'EMPRUNT : SYSTÈMES, STRUCTURES ET MENTORS

« Puis il dit : « Sortez, empruntez des vases à tous vos voisins, des vases vides, et pas trop peu. » (2 Rois 4:3)

Ton huile révèle ton identité, mais c'est ta capacité qui détermine ton résultat. La veuve avait de l'huile, mais aucun récipient ; du potentiel, mais aucune structure ; de l'onction, mais aucun système pour la contenir ; un miracle dans sa maison, mais aucune stratégie pour le multiplier. L'huile suffisait pour provoquer le surnaturel, mais elle ne pouvait pas assurer l'avenir sans l'ajout de nouveaux vases. C'est pourquoi Élisée ne lui a pas dit de prier pour plus d'huile, mais d'**emprunter plus de capacité**. Car les miracles nécessitent un partenariat, le débordement requiert une infrastructure, et l'augmentation dépend toujours de la collaboration.

Emprunter était nécessaire parce que Dieu ne cherchait pas à rendre la veuve confortable, mais à élargir sa capacité. Il aurait pu remplir sa maison de récipients, envoyer des anges avec des vases, ou même faire apparaître des barils d'huile surnaturellement, mais Il ne l'a pas fait.

Au lieu de cela, Il lui a demandé d'emprunter, pour lui enseigner une vérité du Royaume : l'augmentation ne se vit jamais en solitaire. On ne grandit pas sans communauté, on ne s'étend pas sans relations, on ne progresse pas sans humilité, car emprunter demande de demander. On ne multiplie pas sans systèmes, car l'huile sans récipients se gaspille. On n'atteint pas sa destinée sans mentors : le prophète lui donna les instructions, mais ses voisins lui donnèrent la capacité. Emprunter n'est pas un signe de faiblesse ; c'est une école de sagesse.

La capacité n'est jamais construite isolément

La capacité ne se construit jamais dans l'isolement. La veuve reçut l'instruction d'aller chez ses voisins, pas chez les anges, pas chez des étrangers. Cette règle vaut encore aujourd'hui : Dieu élargit ta vie à travers le soutien de ceux qui t'entourent, même s'ils ne comprennent pas ton appel, ton onction, ton processus ou ta saison. Parfois, les vases dont tu as besoin pour passer au niveau suivant se trouvent dans les maisons de personnes qui ignorent totalement ce que Dieu s'apprête à faire à travers toi. C'est pourquoi l'instruction divine est précise : « Emprunte des vases... », pas un seul, pas seulement assez, mais autant que possible. Car au final, ton miracle n'est limité que par ta capacité à recevoir.

La capacité d'emprunt signifie les systèmes d'emprunt

La capacité d'emprunt ne concerne pas seulement des vases physiques. Elle représente l'emprunt de systèmes, de structures et de cadres que tu n'as pas encore. Les récipients symbolisent des processus, de l'organisation, de la discipline, des finances, de la gestion émotionnelle, de la maturité relationnelle, du mentorat et de la responsabilité. Les miracles se maintiennent grâce à la structure ; l'huile est contenue par les vases ; la bénédiction est protégée par des frontières solides. Sans récipients, l'huile devient un désastre ; sans structure, l'augmentation se transforme en perte ; sans systèmes, le succès devient stress. Beaucoup sont oints, doués, appelés, mais pas préparés. Leur huile est réelle, mais leurs récipients sont rares. La capacité d'emprunt consiste alors à s'appuyer sur des systèmes et des structures que tu n'as pas créés : ceux que tu apprends auprès de leaders, que tu reçois par mentorat, que tu adoptes par exposition et que tu renforces par discipline. Cela implique d'assumer la responsabilité, d'appliquer la sagesse, de changer tes habitudes et d'améliorer ton infrastructure intérieure pour être à la hauteur de ta mission divine.

Emprunter demande de l'humilité

L'instruction d'emprunter n'avait rien pour flatter l'orgueil de la veuve. Elle devait au contraire l'écraser. Elle a dû frapper aux portes pendant que les créanciers menaçaient sa famille. Elle a dû dire : « As-tu un récipient vide que je peux emprunter ? J'ai besoin de ce que tu n'utilises pas. J'ai besoin de ta capacité. » Parfois, Dieu t'humilie avant de t'élever, car l'humilité augmente ta capacité plus rapidement que le talent ne pourra jamais le faire. Emprunter t'oblige à affronter ton insécurité, à dépendre de la communauté, à laisser les autres voir ton besoin et à ouvrir ton cœur pour recevoir soutien, sagesse et ponts relationnels. On ne peut pas atteindre l'abondance en restant isolé. Le miracle de la veuve nécessitait un mouvement vers les autres, et ton prochain niveau exigera exactement la même chose.

Ton niveau suivant dépend de **qui** tu empruntes. Tous les voisins ne portent pas les récipients dont tu as besoin : l'emprunt est un acte prophétique, stratégique et déterminant pour ton destin. Tu dois emprunter la sagesse des mentors, la **discipline** des leaders, la **réflexion** des pères spirituels, l'**excellence** de ceux qui y marchent déjà, la foi de ceux qui ont vu Dieu agir, l'**ordre** de ceux qui sont structurés et la **vision** de ceux qui voient plus loin. La croissance nécessite la bonne association, l'élévation demande la proximité, et l'augmentation exige une connexion intentionnelle. La veuve emprunta ses vases à ses voisins, mais ce fut son prophète qui lui donna les instructions. Il faut des **voisins pour la capacité**, mais des **mentors pour l'orientation**.

L'expression « pas quelques-uns » porte un poids prophétique. Élisée insista : « Emprunte des récipients, pas quelques-uns », car Dieu allait verser selon sa préparation, non selon son désespoir. Le ciel répond à la foi exprimée par la capacité, pas par l'émotion. Sa préparation détermina son débordement ; sa capacité détermina la quantité ; son obéissance détermina le résultat. Le miracle de la veuve n'avait aucune limite divine : la seule limite était le nombre de vases qu'elle rassembla. Cette vérité demeure aujourd'hui : **Dieu remplira tout ce que tu es prêt à préparer : rien de plus, rien de moins.**

Tu découvres aujourd'hui que ta capacité d'emprunt est bien plus qu'une question de ressources : c'est une posture de croissance. Tu commences en apprenant la discipline financière ou en t'alliant à quelqu'un de plus structuré que toi. Tu grandis lorsque tu t'assieds aux pieds de mentors, lorsque tu suis un cours qui ouvre ton intelligence, lorsque tu rejoins une équipe ou que tu réorganises ta vie avec intention. Parfois, emprunter signifie guérir, lire ce que tu n'avais jamais osé ouvrir, adopter de nouvelles stratégies ou simplement élever tes standards. Chaque geste devient un récipient que Dieu peut remplir.

Demander de l'aide ne te diminue pas : cela t'étend. Emprunter n'est pas un signe de faiblesse, mais le début de ton destin. Comme la veuve, tu peux choisir d'emprunter non pas de l'argent, mais de la capacité : une instruction, une sagesse, une stratégie divine. Tu peux emprunter une nouvelle manière de penser, un niveau plus profond d'obéissance, un système d'augmentation et un chemin de préservation pour ta génération. Ce que tu empruntes aujourd'hui peut devenir le pont entre ta crise et ton avenir.

Ta volonté d'emprunter de la capacité, d'apprendre ce qu'on ne t'a jamais enseigné, d'embrasser une sagesse que tu n'as jamais reçue, d'adopter des systèmes que tu n'as pas hérités, libère tes enfants des limites que tu as connues. De la même manière que les vases empruntés de la veuve ont assuré l'avenir de ses fils, la sagesse que tu empruntes aujourd'hui devient l'héritage à partir duquel tes enfants vivront demain.

Tu avais de l'huile, mais il te manquait des vases. Comme la veuve, tu découvres que l'instruction de Dieu te pousse vers la communauté, l'humilité et le partenariat. Aucun destin ne s'accomplit isolément. Ta capacité grandit lorsque tu apprends à t'appuyer sur des mentors, des systèmes et des personnes qui portent ce dont tu as besoin. Le débordement ne vient pas en t'isolant, mais en laissant circuler la grâce à travers les bons réseaux.

Questions de réflexion

1. Qui sont les personnes auprès de qui tu dois emprunter des vases ?
2. Où Dieu t'appelle-t-il à demander de l'aide ou à chercher du mentorat ?
3. Quelles relations ne soutiennent plus ton prochain niveau ?
4. Quels systèmes ou structures dois-tu construire ou emprunter pour avancer ?
5. Comment la peur ou la fierté t'ont-elles empêché de collaborer ?

EMPRUNTER DES VAISSEAUX BIEN

« Alors il dit : Sortez, empruntez des vases à tous vos voisins, des vases vides—et pas trop peu. » -(2 Rois 4:3)

Avant que le miracle ne se manifeste, Dieu a demandé à la veuve un geste simple mais profondément stratégique : emprunter des vases. Ce commandement, en apparence ordinaire, cachait en réalité une dynamique spirituelle essentielle. Car parfois, ce que Dieu te demande n'est pas d'augmenter ce que tu as, mais d'élargir l'espace où Il pourra déposer Sa bénédiction. Emprunter devient alors plus qu'une action, c'est une posture. Une preuve que ton prochain niveau dépend autant de ton huile que de ta capacité à collaborer, t'humilier, bâtir des relations et t'ouvrir à une communauté choisie. C'est dans ce mouvement que se déclenche l'élévation.

Emprunter des vases n'était pas un geste improvisé, mais une stratégie divine. Cela te demande de l'humilité, des relations solides, de la sagesse, du discernement et une obéissance réelle. Cela exige aussi une force émotionnelle et une intelligence sociale. Tu dois être capable de t'associer à des personnes qui ne verront pas ton miracle et ne vivront pas ta percée, mais qui porteront néanmoins une part de ton processus.

Emprunter des vases n'était pas seulement une action physique : c'était un test relationnel. Un test d'humilité, de crédibilité, de confiance, de responsabilité, de communauté, de vision et de maturité. Le miracle avait besoin d'huile, mais l'huile avait besoin de récipients, et ces récipients ne dépendaient de personnes. Tu as besoin de Dieu, mais tu as aussi besoin de voisins. L'élévation vient du ciel, mais elle se manifeste à travers la communauté.

Emprunter est un acte d'humilité

Emprunter est inconfortable : cela expose un besoin, cela t'oblige à demander, cela te rend vulnérable. Une personne fière ne peut pas emprunter correctement. La veuve a dû frapper aux portes alors même que sa réputation était fragile et que sa situation était humiliante. Elle était financièrement brisée, émotionnellement épuisée, spirituellement blessée et socialement embarrassée. Pourtant, elle a demandé quand même. L'humilité élargit toujours la capacité, tandis que l'orgueil limite les miracles. Dieu cache souvent l'augmentation derrière l'humilité de demander de l'aide.

Emprunter demande du discernement

Tous les voisins n'avaient pas le bon vase. Certains récipients étaient inutilisables, même si les relations étaient saines. Chaque porte était stratégique. Emprunter nécessite donc du discernement : la veuve devait poser les questions du « *qui* ». Qui possède la capacité dont tu as besoin ? Qui porte la sagesse que tu dois apprendre ? Qui détient l'information qui te manque ? Qui peut t'encadrer ? Qui étire ta vision, élargit ta réflexion, renforce ton caractère et te pousse vers ton but ? Parfois, les bons récipients proviennent de voisins que tu aimes ; parfois, de ceux auxquels tu t'attendais le moins. Le discernement n'est pas du soupçon, c'est de l'alignement. Dieu enverra toujours les bonnes personnes lorsque ton cœur sera prêt à grandir.

CHAPITRE 7

Emprunter bien signifie emprunter largement

Élisée lui dit : « Emprunte des vases… et n'en demande pas trop peu. » Autrement dit : ne limite pas ton emprunt avec de petits moyens, un esprit étroit, effrayé, hésitant, ou un mental de survie. Emprunte comme quelqu'un qui attend un miracle.

Emprunter des vases demandait de l'audace. Cela l'obligeait à élargir son cercle relationnel, à frapper à des portes où elle n'était jamais allée et à impliquer des voisins qui, peut-être, ne l'appréciaient même pas. Bien emprunter, c'est accepter d'augmenter ta capacité relationnelle.

Beaucoup de croyants restent petits parce qu'ils ne se connectent qu'avec ceux qui leur ressemblent, qui pensent comme eux, qui les rassurent ou les confirment. Mais le miracle exigeait une expansion. Elle ne pouvait pas enfermer son destin dans des environnements familiers.

Emprunter demande une maturité émotionnelle

Emprunter des vases exigeait que la veuve supporte le rejet, les questions, le jugement, la curiosité, la critique et même la gêne. Certains voisins ont probablement demandé :

« Pourquoi as-tu besoin de ça ? »
« Qu'est-ce que tu vas en faire ? »
« Tu pourras le retourner ? »
« Tu es certaine de pouvoir gérer ça ? »

La maturité émotionnelle, c'est la capacité de voir au-delà du moment présent et de rester focalisé sur le miracle que Dieu prépare. Emprunter demande donc la capacité de rester concentrée, calme, reconnaissante, patiente et déterminée. L'esprit immature fuit l'inconfort ; l'esprit mature, lui, accepte le processus qui conduit à la percée.

Les vaisseaux d'emprunt sont la capacité d'emprunt

Chaque vase représentait ce qui lui manquait : du temps, de l'expérience, de la préparation, de la sagesse, de la structure, des systèmes, de l'intelligence, de la compréhension, de l'aide ou du soutien. Quand tu empruntes des récipients, tu empruntes en réalité ce que d'autres ont cultivé. Tu empruntes la force de la discipline de quelqu'un d'autre. Tu empruntes la sagesse tirée de l'histoire de quelqu'un d'autre. Tu empruntes la structure et la préparation que d'autres ont bâties avant toi.

On emprunte de la capacité jusqu'à ce que l'on développe la sienne. L'emprunt n'est pas une dépendance : c'est un processus de développement.

Exemples :
– Un jeune ministre dépourvu de compétences administratives peut emprunter la structure d'un leader chevronné jusqu'à atteindre sa propre capacité.
– Un nouvel entrepreneur peut emprunter des modèles d'affaires jusqu'à ce qu'il construise le sien.
– Une famille peut emprunter les principes d'un mentor jusqu'à ce que ces principes deviennent une identité interne. Les vases empruntés par la veuve furent des échafaudages temporaires pour un miracle permanent. L'emprunt n'était pas sa fin : c'était la structure qui a soutenu son augmentation.

Emprunter correctement signifie rendre ce que tu as emprunté

L'intégrité est la clé cachée derrière chaque miracle durable. Le texte laisse entendre une vérité puissante : si elle empruntait les vases, elle finirait par les rendre. Cela signifie qu'elle honorait les relations, valorisait la confiance, respectait ses voisins, protégeait sa réputation, maintenait l'ordre divin et préservait son capital relationnel.

Le Royaume avance à travers l'intégrité relationnelle. Un miracle qui brise les relations n'est pas un miracle du Royaume. Rendre ce que tu empruntes révèle ton caractère. Vivre honorablement après avoir grandi révèle ta maturité.

Emprunter des vaisseaux correctement dans ta propre vie

Pour emprunter des vases de manière juste au cours de ton parcours, tu dois d'abord identifier qui porte ce qui te manque : personne ne grandit seul. Demande avec humilité, car il faut de la force pour solliciter de l'aide. Observe avec discernement, parce que tous les récipients ne correspondent pas à ta destinée. Élargis ta zone de confort : toute croissance véritable exige du courage. Construis ta crédibilité relationnelle, car les gens font confiance à ce que tu modèles de façon constante. Protège tes relations par l'intégrité : ne brûle jamais un pont que Dieu pourrait vouloir utiliser. Reste reconnaissant pour chaque vase emprunté ; l'honneur ouvre toujours des portes pour l'avenir.

En somme, emprunter demande de l'humilité, du discernement et une profonde sagesse relationnelle. Ce chapitre t'enseigne comment identifier et emprunter les bons récipients, mentors, systèmes, modèles, partenariats et ressources, tout en préservant ton intégrité et ton identité. Il t'apprend à grandir à travers les autres sans jamais perdre ta propre huile.

Questions de réflexion

1. Vers quels mentors ou leaders devrais-tu te tourner dès maintenant ?
2. Quels systèmes, idées ou modèles pourrais-tu emprunter pour augmenter ta capacité ?
3. Quelles relations t'élèvent, et lesquelles t'épuisent ?
4. Comment peux-tu honorer ceux qui te prêtent leurs « vases » ?
5. Quelles peurs t'empêchent encore de demander de l'aide ?

FERMER LA PORTE : OBÉISSANCE PRIVÉE

« Alors entre, ferme la porte derrière toi et tes fils, et verse dans tous ces récipients. » - 2 Rois 4:4)

Il existe des miracles que Dieu accomplit devant tous, et d'autres qu'Il façonne derrière des portes soigneusement refermées. Il y a des bénédictions qu'Il expose devant tes ennemis, et des percées qu'Il protège dans le secret. Les transformations les plus profondes de ta vie, celles qui réorientent ton identité, ton caractère et ton avenir, naissent souvent à l'abri des regards : sans applaudissements, sans validation, sans foule. Dans cette histoire, il n'y avait que toi, ton huile, tes fils, et ton Dieu. L'instruction « *ferme la porte* » n'était pas une simple suggestion : c'était une exigence spirituelle. Car certaines dimensions de gloire, de délivrance et de multiplication ne coulent que dans l'intimité de l'obéissance.

Pourquoi la porte devait être fermée

Élisée comprenait ce que la veuve ne percevait pas encore : certains environnements ont le pouvoir d'étouffer un miracle avant même sa naissance. Les voisins pouvaient bien lui prêter des vases, mais ils n'étaient pas capables de porter ou de comprendre le processus que Dieu voulait enclencher. Chaque croyant doit apprendre cette vérité : certaines personnes peuvent soutenir ta capacité, mais ne doivent pas être témoins de ta transformation. Le doute est contagieux, la peur se transmet, et le scepticisme peut empoisonner une œuvre divine avant qu'elle ne commence. Dieu voulait que l'huile coule dans un espace pur, sans jugement, sans comparaison, sans incrédulité, sans opinions intrusives ni interférences extérieures.

Certaines personnes peuvent t'aimer sincèrement, mais ne pas être sécuritaires pour ton émergence spirituelle. Elles ne partagent pas toujours ta vision ; elles peuvent douter, critiquer, comparer ou projeter leurs propres blessures sur ton parcours. Leur perspective limitée, nourrie par leurs expériences ou leurs insécurités, peut t'empêcher d'atteindre le plein potentiel du miracle que Dieu prépare. Voilà pourquoi **la porte que tu fermes derrière toi est parfois aussi importante que l'huile que tu verses devant toi**. Protège ton miracle des voix qui ne sont pas assignées à ton destin.

Pour enseigner à ses fils la valeur de l'obéissance

Les fils de la veuve allaient poursuivre l'héritage familial ; ils devaient donc voir sa foi de près, ressentir la profondeur de son obéissance, témoigner de son sacrifice et vivre la multiplication de l'huile de première main. C'est derrière des portes closes que les enfants, biologiques ou spirituels, apprennent réellement l'intégrité, l'humilité, la foi, la discipline, la prière, l'honneur et la résilience. Certaines des plus grandes leçons de la vie ne se transmettent pas en public, mais dans le secret de l'obéissance, là où seuls ceux appelés à porter l'héritage peuvent observer la fidélité authentique. À huis clos, l'éducation spirituelle devient réelle, incarnée et durable.

Créer un environnement propice à la foi brute

CHAPITRE 8

La foi publique est aisée à proclamer, mais la foi privée exige un prix : celui de la conviction personnelle profonde, du combat intérieur et des sacrifices que personne ne voit. Dans l'intimité, les larmes peuvent couler librement, les doutes sont affrontés, les peurs dévoilées, l'adoration devient authentique et la prière totalement honnête. Les murs ne limitent pas les miracles : ils les protègent. Pourtant, beaucoup de croyants aspirent à davantage, mais gardent leur porte trop grande ouverte, trop de voix, trop d'opinions, trop d'interruptions. L'abondance de bruits étouffe la croissance spirituelle. Une porte fermée devient alors un espace sacré, un lieu de consécration, de concentration et d'abandon, où Dieu peut augmenter l'huile sans interférence humaine.

Les miracles et la confidentialité

Les miracles commencent souvent dans la confidentialité. Jésus lui-même fermait la porte avant d'agir. Il fit sortir les incrédules avant de ressusciter **la fille de Jaïrus**, éloigna l'aveugle de la foule avant de le guérir, pria seul sur la montagne avant de marcher sur les eaux et versa son âme à Gethsémani, loin de tout regard humain. Le principe demeure immuable : certains miracles exigent le silence, l'intimité et la séparation pour se révéler pleinement. L'huile de la veuve n'était pas destinée à couler dans un environnement saturé de peur, de scepticisme ou d'opinions étrangères. Dieu l'a protégée derrière une porte close, dans un espace de foi pure, un véritable ventre prophétique, afin que l'huile puisse mûrir, se multiplier et se manifester sans aucune interférence.

Derrière des portes closes

Derrière des portes closes, tu apprends à nourrir ce que Dieu te confie. Le miracle de la multiplication ne s'est pas produit sur la place publique, mais derrière une porte verrouillée. Beaucoup prient : « Seigneur, utilise-moi publiquement », mais Dieu répond : « Obéis-moi d'abord en privé. » C'est dans le secret que tu apprends à verser sans applaudissements, sans validation, sans peur ni comparaison, mais avec une pureté qui ne dépend d'aucun regard extérieur. Quand tu peux verser fidèlement dans l'intimité, Dieu peut te faire confiance publiquement. Ainsi, ton obéissance privée deviendra, en son temps, ton témoignage public.

Fermer la porte te sépare de ton passé

Quand tu fermes la porte, tu te sépares de tout ce qui tentait encore de te retenir : la peur de perdre ce qui t'est cher, les voix de l'anxiété, l'histoire de tes dettes, le poids de ta douleur, l'écho de ton deuil et la pression de ceux qui te réclament plus que tu ne peux donner. Une porte fermée est toujours prophétique : elle marque une transition. Derrière la porte, la veuve était une femme brisée ; quand la porte s'est rouverte, elle était devenue une entrepreneure portée par une chaîne d'approvisionnement miraculeuse. Ainsi, la porte fermée n'est jamais la fin de ton voyage : c'est le début de ta métamorphose.

Fermer la porte t'oblige à faire confiance à Dieu seul

Dans cette pièce fermée, il n'y avait ni prophète, ni assemblée, ni témoins, ni anciens pour imposer les mains ou offrir un soutien visible. Il n'y avait qu'une femme, ses enfants, et Dieu. Lorsque tu fermes la porte, tu entres dans l'espace où aucune autre voix ne peut interférer, où ton assurance ne repose plus sur le regard des autres, et où ta dépendance envers Dieu devient totale. C'est dans cet isolement sacré que la foi se purifie, que le cœur s'aligne, et que les miracles prennent forme. C'est derrière cette porte fermée que ta foi mûrit. Quand tout ce que tu as, c'est Dieu, tu découvres que Dieu suffit réellement. À huis clos, Il devient ton instructeur, ton réconfort, ton conseiller et ton multiplicateur. La porte se ferme sur le soutien humain afin qu'elle puisse s'ouvrir pleinement à la provision divine.

La porte ne s'ouvre que lorsque le miracle est accompli. Les Écritures déclarent : « *Elle entra et ferma la porte derrière elle et ses fils... et pendant qu'elle versait, ils lui apportaient les vases* » (2 Rois 4:5). La porte demeura fermée jusqu'à ce que l'huile cesse de couler. Personne ne pouvait interrompre, influencer ou contaminer ce moment sacré. De la même manière, certains processus de ta vie doivent rester cachés jusqu'à ce que Dieu achève Son œuvre. Les autres ne pourront comprendre que lorsque l'huile aura fini de couler, que la poussière sera retombée et que le miracle sera pleinement manifesté, lorsque les instructions auront été accomplies et que la saison aura changé. Certaines portes resteront fermées parce que ton miracle est encore en train de se produire.

Élisée dit à la veuve de « fermer la porte » derrière elle. La vie privée protège les miracles. Certaines instructions divines ne survivent pas à l'opinion publique, au bruit ou à la distraction. Ce chapitre t'enseigne l'importance de protéger ton processus, de préserver ton atmosphère spirituelle et d'obéir à Dieu même lorsque personne ne te regarde. Car ce que tu construis en secret détermine ce que Dieu pourra révéler au grand jour.

Questions de réflexion

1. Quelle(s) porte(s) dois-tu fermer pour protéger ta prochaine saison ?
2. Qui ou quoi introduit du doute dans ton obéissance ?
3. Quelles habitudes personnelles nourrissent réellement ta force spirituelle ?
4. Comment ton atmosphère actuelle soutient-elle ou entrave-t-elle le mouvement de Dieu dans ta vie ?

5. Que changerait-il si tu obéissais davantage à Dieu en privé qu'en public ?

VERSE JUSQU'À CE QUE ÇA S'ARRÊTE : LA LOI DE LA MULTIPLICATION DIVINE

« Alors elle est partie de lui et a fermé la porte derrière elle et ses fils. Et pendant qu'elle versait, ils lui apportèrent les vases. Quand les vases furent pleins, elle dit à son fils : « Apporte-moi un autre vase. » Et il lui dit : « Il n'y en a pas d'autre. » Puis l'huile a cessé de couler -(2 Rois 4:5–6)

Il existe des moments dans la vie où Dieu choisit de multiplier non pas ce que tu possèdes, mais ce que tu oses offrir. La veuve de 2 Rois 4 n'a pas vu son miracle commencer lorsque le prophète lui a parlé, ni lorsqu'elle a rassemblé les vases, ni même lorsqu'elle a fermé sa porte. Le surnaturel ne s'est déclenché qu'au moment précis où elle a décidé de verser. Ainsi, la loi de la multiplication divine ne se manifeste pas dans l'intention, mais dans l'action ; non pas dans l'attente, mais dans le mouvement. Ce chapitre explore ce principe sacré : Dieu multiplie ce que tu verses, et tant que tu continues d'offrir ce que tu as entre les mains, le ciel ne cesse de répondre. À travers cette histoire, tu découvriras que la multiplication n'est jamais bloquée par Dieu, mais par ta capacité à obéir, à agir, et à tenir bon jusqu'à ce que l'huile s'arrête d'elle-même.

Le moment précis où le miracle commence

À première lecture, on pourrait croire que la multiplication de l'huile constitue l'aspect le plus extraordinaire du récit. Cependant, le véritable émerveillement se trouve dans le point de départ du miracle. L'huile ne s'est activée ni à la parole du prophète, ni au rassemblement des récipients, ni à la fermeture de la porte. **Tout a commencé au premier mouvement de ses mains.** Le ciel attendait son obéissance. Le surnaturel attendait son initiative. Dieu attendait son geste. L'huile ne répond pas au silence : **elle répond au versement.**

Le miracle activé par tes mains

Ensuite, il est essentiel de noter que Dieu a fourni l'huile, ordonné les vases et donné l'instruction. Toutefois, **Dieu n'a pas versé à sa place.** Certains miracles requièrent ta participation. Certaines percées ne se déclenchent qu'à ton mouvement. Certaines saisons ne commencent que lorsque tu agis selon l'ordre de Dieu.

La Bible confirme ce principe :

- Abraham avança *avant* de voir le bélier.
- Pierre lança son filet *avant* de voir les poissons.
- Josué entra dans le Jourdain *avant* que les eaux ne s'ouvrent.
- Les serviteurs remplirent les jarres *avant* que l'eau ne devienne vin.
- La veuve versa *avant* que l'huile ne monte.

La multiplication se tient toujours de l'autre côté d'une action obéissante.

Verser : un acte de foi courageuse

Par ailleurs, verser exige une foi audacieuse. La veuve se tenait devant des vases vides, avec un mince pot d'huile : humainement, tout semblait insuffisant. Spirituellement, tout était prêt. Elle devait croire que Dieu honorerait son geste, que l'offre répondrait à la demande, et que Dieu remplirait ce qu'elle oserait présenter.

Verser devient alors un acte d'attente, de courage et de partenariat avec le ciel. Chaque fois que tu verses, tu déclares : « Dieu me rencontrera dans mon obéissance. » Et Dieu le fait toujours.

Tu verses, Dieu multiplie

La veuve accomplit ce qui relevait d'elle ; et Dieu, pour sa part, fit ce qui dépassait ses capacités. Telle est la formule immuable du Royaume : à l'humain revient l'action, à Dieu revient la multiplication. Tu verses ce que tu peux ; Dieu produit ce que tu ne pourrais jamais engendrer. Jacques l'exprime avec justesse : « *La foi sans les œuvres est morte.* » L'huile ne se serait jamais mise en mouvement si elle-même n'avait pas choisi d'agir, car le surnaturel répond toujours à un geste obéissant.

Ainsi, tandis que beaucoup attendent que Dieu intervienne, la vérité est souvent l'inverse : **Dieu attend que tu verses** : ton don, ton service, ton excellence, ton obéissance, ton dévouement, ta vision, ton temps et ton adoration. Le ciel ne multiplie que ce que tu acceptes de relâcher. C'est la loi sacrée de la multiplication divine : là où tu livres le peu que tu possèdes, Dieu déploie la plénitude de ce qu'Il est.

La multiplication dépend de ta capacité, non de l'huile

Ensuite, un principe saisissant se révèle : **tant qu'il demeurait un vase, l'huile continuait de couler**. Elle ne s'est pas interrompue par manque de ressource, mais par absence de récipients. Ainsi, le miracle n'était nullement limité par le ciel, mais par la capacité humaine à accueillir ce que Dieu désirait déverser.

En d'autres termes, **la provision divine est infinie**, mais elle épouse toujours la mesure de ce que tu es prêt à présenter. Dieu remplit tout ce que tu prépares, mais Il ne remplit jamais ce que tu retiens, ce que tu négliges ou ce que tu refuses d'offrir. C'est là l'une des lois les plus subtiles et les plus majestueuses du Royaume : **la limite ne vient jamais d'en haut, mais du vase que tu oses apporter.**

L'huile coule tant que tu verses

Ton ministère grandit tant que tu verses.
Ton entreprise se développe tant que tu verses.
Ton onction augmente tant que tu verses.
Ta vocation s'élargit tant que tu verses.

Le jour où tu cesses de verser, tu deviens passif, découragé ou stagnant, et l'huile s'arrête. Non pas parce que Dieu a changé, mais parce que **le mouvement s'est arrêté**.

Verser n'est pas un événement ; **c'est un mode de vie.**

Verser demande une confiance au-delà de la logique

Rien dans la situation de la veuve n'était rationnel : des récipients vides, peu d'huile, une porte fermée, une instruction simple et un besoin immense. Toutefois, l'obéissance ne demande pas de compréhension : elle demande de la confiance. Tu ne peux pas entrer dans ta prochaine dimension en analysant chaque détail. Certaines instructions n'engendrent de résultats qu'une fois exécutées.

Quand l'huile s'arrête... la bénédiction commence

Lorsque le dernier vase fut rempli, l'huile s'arrêta. Pourtant, le miracle ne s'arrêta pas : la multiplication prit fin, mais **la provision commença**. L'huile cessa, mais son avenir démarra. Le flot s'arrêta, mais ses dettes furent annulées. L'huile cessa, mais ses fils furent sauvés. Certaines saisons de ta vie cessent parce que **leur but est accompli**. La fin du flux n'est pas une perte : c'est une transition. Lorsque tout est dit et que l'obéissance a parlé, il reste un impératif sacré : **verser jusqu'à la dernière goutte du mandat divin**. Voici l'appel du croyant :

- Verse ton don jusqu'à ce que le réceptacle soit plein.
- Verse ton obéissance jusqu'à ce que la saison change.
- Verse ton excellence jusqu'à ce que la porte s'ouvre.
- Verse ton honneur jusqu'à ce que l'atmosphère change.

Verse ta foi jusqu'à ce que Dieu dise : « Ça suffit, maintenant regarde-moi agir. »

Car verser n'est pas une question d'approvisionnement : **c'est une question de reddition.**

Le miracle avançait à mesure qu'elle versait. Son mouvement activait la multiplication. Dieu multiplie l'obéissance, non l'hésitation ; l'action, non l'intention. Ce chapitre démontre que la foi ne devient féconde que lorsque tu verses continuellement, dans ta mission, ta prière, ta préparation et ta persévérance, jusqu'à ce que le ciel annonce : « L'œuvre est achevée. »

Questions de réflexion

1. Quel domaine de ta vie doit être "versé" régulièrement en ce moment ?
2. Où as-tu cessé de verser trop tôt ?
3. Quelle peur a ralenti ton obéissance ?
4. Comment le mouvement active-t-il ta foi ?
5. Que se passerait-il si tu versais jusqu'à ce que Dieu, et non les circonstances, te dise d'arrêter ?

L'ÉCONOMIE DU ROYAUME : VENDRE L'HUILE

« Va, vends l'huile, et paie ta dette ; et toi et tes fils, vivez de ce qui restera. » *(2 Rois 4:7)*

Le miracle de Dieu n'est jamais la fin d'une histoire ; il en est souvent le commencement. Lorsque l'huile de la veuve s'est mise à couler, le surnaturel avait déjà rempli la maison, mais le miracle n'était pas complet. La multiplication n'était qu'une étape ; la stratégie économique était la suivante. C'est pourquoi Élisée ne lui dit pas simplement : « Réjouis-toi ». Il lui donna une instruction : « Va, vends l'huile. » Dans le Royaume, la provision divine n'est pas destinée à rester stockée, mais à être administrée, valorisée et transformée en possibilité durable. Dieu ne multiplie pas pour l'impression, mais pour l'expansion. Ce chapitre révèle une vérité puissante : **Dieu donne le miracle, mais c'est ta gestion qui détermine la longévité de ta percée.** L'huile représente tes dons, tes idées, tes compétences, tes opportunités, et même tes douleurs transformées en puissance. Cependant, tant que tu ne les mets pas en mouvement, elles restent silencieuses et inutilisées. Le Royaume fonctionne par circulation, non par stagnation. Ce chapitre t'apprendra que « vendre l'huile » n'est pas une transaction financière, mais une posture spirituelle : celle de reconnaître la valeur de ce que

Dieu a placé en toi, de l'administrer avec sagesse et de l'offrir au monde avec courage.

Le miracle ne s'arrête jamais au spectaculaire

Tout d'abord, il est essentiel de comprendre que chaque miracle dans les Écritures poursuit un but qui dépasse l'instant. Dieu ne multiplie jamais pour une simple survie, mais pour la **durabilité**, la **stabilité** et l'**impact continu**. Ainsi, le miracle de la veuve ne se limite pas au déversement surnaturel de l'huile. Il atteint sa pleine expression lorsque Dieu lui donne quelque chose d'encore plus précieux : **une stratégie économique divine**.

Élisée n'a pas dit : « Réjouis-toi du miracle », mais plutôt : « *Va, vends l'huile.* » C'est la première fois dans l'Écriture qu'une provision surnaturelle est reliée directement à l'**entrepreneuriat**, à la **gestion** et à la **production économique**. L'huile était le miracle, mais la stratégie était la bénédiction durable. Autrement dit : **Dieu a multiplié l'huile, mais Élisée a multiplié sa sagesse.**

L'économie du Royaume commence par un mouvement : « Va »

Ensuite, il importe de remarquer que l'instruction d'Élisée commence par un verbe d'action : « Va ». Avant de vendre, avant de payer ses dettes, avant même de vivre librement, elle devait sortir, avancer, se déplacer.

Les miracles stagnent lorsque les bénéficiaires restent immobiles. Ce que Dieu fournit exige souvent des étapes, des **décisions**, de la **planification**, de la **diligence** et du **travail**. La foi authentique n'est jamais passive : **la foi se met en marche**.

De la même manière que l'huile ne se multipliait pas avant qu'elle ne verse, sa provision financière ne se manifesterait qu'une fois qu'elle irait sur le marché. Beaucoup célèbrent l'huile, mais **n'entrent jamais dans le lieu où l'huile doit être vendue**. Ainsi, les percées surnaturelles deviennent tangibles lorsque **l'obéissance rencontre le mouvement**.

« Vendre l'huile » : l'alliance sacrée entre foi et économie

Par ailleurs, Dieu demande à la veuve plus qu'un témoignage : Il lui ordonne une monétisation. Cela renverse une idée reçue que plusieurs croyants ont héritée : l'onction spirituelle et la productivité économique ne s'opposent pas, **elles collaborent**.

Le Dieu qui multiplie ton huile te demande aussi de la transformer en **valeur**, en **impact**, en **revenu**. La veuve avait désormais un produit, un marché, une instruction et une demande. L'huile n'était pas destinée à être admirée, stockée ou fétichisée. **Elle était destinée au commerce.**

« *Vendre l'huile* » signifie donc convertir ton don en fruit, ton onction en influence, ta capacité en structures, ton miracle en système. Son pot d'huile devint son entreprise. Son obéissance devint sa prospérité.

« Paie ta dette » : la délivrance financière est aussi spirituelle

Puis, Élisée donne une seconde instruction, non émotionnelle mais stratégique :
« Paie ta dette. »

La dette est bien plus qu'un chiffre :

- c'est un poids spirituel,
- une prison mentale,
- un voleur générationnel.

La dette de la veuve menaçait non seulement sa paix, mais également l'avenir de ses fils, car l'ennemi cherche toujours à capturer la prochaine génération par l'asservissement financier.

En réglant sa dette :

- elle brisa une malédiction,
- protégea sa lignée,
- ferma la porte à l'ennemi,
- restaura la dignité de sa maison,
- et entra dans une liberté nouvelle.

Ton miracle n'est pas complet tant que tes finances ne sont pas alignées avec l'ordre du Royaume. La délivrance n'est pas uniquement spirituelle : elle est parfois profondément financière.

« Vivre sur le « reste », la durabilité, pas la survie

Vivre sur « le reste » révèle l'intention profonde du miracle : non pas permettre à la veuve de survivre, mais lui offrir une vie stable, digne et durable. Lorsque Élisée déclare : « toi et tes fils pourrez vivre du reste », il introduit l'économie du Royaume, une bénédiction qui ne s'éteint pas après un jour, mais qui établit une fondation pour toute une vie. Ce miracle n'était ni émotionnel ni temporaire : il était structurel, conçu pour restaurer un foyer, bâtir un avenir et générer un héritage. Dieu ne lui a pas seulement donné de l'huile, Il lui a donné une stratégie. Le ciel multiplie, mais l'homme doit gérer : Dieu verse l'huile, mais c'est à nous de vendre, d'organiser, de payer, de structurer et de bâtir. Un miracle sans gestion devient une occasion perdue ; un miracle accompagné de sagesse et de discipline devient une bénédiction générationnelle. Ainsi, le but de Dieu n'est pas simplement ta percée, mais la construction d'une vie entière fondée sur la durabilité.

L'économie du Royaume dans ta vie aujourd'hui commence lorsque tu acceptes, comme la veuve, de « vendre l'huile », c'est-à-dire de transformer le don que Dieu t'a confié en action concrète : lancer ton entreprise, monétiser ton talent, structurer ta vocation, exceller sur le marché, sortir de la pauvreté, rembourser tes dettes et bâtir un avenir solide pour tes enfants. Dieu n'est pas glorifié par ta lutte, mais par ta capacité à gérer et à multiplier ce qu'Il t'a confié. La percée économique de la veuve n'a pas commencé avec l'huile, mais avec son obéissance : elle a transformé son miracle en mouvement, son opportunité en stratégie, son instruction en action. Et ta percée commencera exactement de la même manière.

Le prophète n'a pas seulement demandé à la veuve de verser l'huile, mais de la vendre, révélant ainsi la stratégie divine : les miracles spirituels ouvrent toujours la porte à des solutions pratiques. Ce chapitre enseigne que le Royaume honore la gestion responsable, l'esprit d'entreprise, l'échange de valeurs et une prospérité vécue avec sagesse. L'augmentation n'est jamais destinée à être seulement célébrée ; elle doit être administrée, structurée et transformée en impact durable. Dieu multiplie, mais c'est notre gestion qui convertit la multiplication en héritage.

Questions de réflexion

1. Quels dons, compétences ou talents pourrais-tu mieux organiser, développer ou monétiser pour honorer ce que Dieu a déposé en toi ?

2. Comment ton état d'esprit réagit-il face à la prospérité : avec peur, fidélité, confiance ou préparation ?
3. Gères-tu réellement tes ressources, temps, finances, opportunités, selon la sagesse et les principes du Royaume ?
4. Quels systèmes, structures ou stratégies dois-tu mettre en place pour « vendre ton huile », c'est-à-dire transformer ton miracle en mouvement ?
5. En quoi ta gestion financière actuelle révèle-t-elle ton niveau de maturité spirituelle et ton sens des responsabilités devant Dieu ?

CHAPITRE 11

LA LIMITE DE L'HUILE EST LA LIMITE DES RÉCIPIENTS

« Quand les vases furent pleins, elle dit à son fils : Apporte-moi un autre récipient. Mais il répondit : « Il n'y en a pas un autre. » Puis l'huile s'est arrêtée. » (2 Rois 4:6)

Chaque miracle dans le Royaume obéit à un rythme divin. Le ciel se répand selon l'espace que tu prépares et Dieu remplit selon la capacité que tu offres. Le surnaturel réagit toujours à la préparation humaine. L'histoire de la veuve en est une démonstration magistrale : l'huile n'a jamais manqué, ce sont les récipients qui ont fait défaut. La limitation n'était pas divine, mais humaine ; la restriction ne venait pas de la volonté du ciel, mais de la capacité disponible. Si elle avait rassemblé davantage de vases, davantage d'huile aurait coulé. Voilà l'une des vérités les plus saisissantes de l'Écriture : ton approvisionnement n'est pas déterminé par la puissance de Dieu, mais par la capacité que tu lui présentes.

Dieu n'a jamais cessé de verser : c'est elle qui a cessé de se présenter. Le miracle ne s'est pas arrêté parce que Dieu aurait fermé le robinet, mais parce qu'il n'y avait plus de contenants pour recevoir ce que le ciel voulait encore déverser. Imagine la tension de ce moment, l'huile prête à couler, mais aucun récipient disponible. Beaucoup de croyants vivent aujourd'hui cette même tension : ils ressentent l'onction mais manquent de structure, portent un appel mais manquent de discipline, possèdent des idées mais manquent de planification, voient la vision mais ne bâtissent pas de systèmes. Ce n'est jamais l'huile qui manque, c'est la capacité. Car le Royaume ne récompense pas le désir, mais la préparation.

Ta capacité fixe les limites de ta vie, et cette vérité s'applique à chaque dimension de ton existence. Spirituellement, Dieu te révèle selon ta faim : ta profondeur dans l'Esprit reflète ta dévotion, ta discipline et ta consécration. Émotionnellement, tu peux aimer profondément, mais si tes conteneurs intérieurs sont fragiles ou limités, tu ne pourras pas soutenir des relations stables. Financièrement, Dieu ne bénit jamais ce que tu ne peux pas gérer : le revenu suit la structure, et la provision suit la gestion responsable. En leadership, tu ne pourras jamais conduire les autres plus loin que tu ne te conduis toi-même. Et en vision, là où certains ne voient que des vases, toi, tu peux voir des opportunités. Parce que ta vision détermine le nombre de récipients que tu apportes au miracle. Tout au long des Écritures, Dieu multiplie selon la capacité : Israël reçut la terre selon son nombre, les talents augmentèrent selon la gestion, les foules furent nourries selon l'organisation, et l'Église primitive grandit selon la capacité des apôtres à structurer. Ainsi, ton destin n'est jamais limité par l'opposition, mais par la taille des conteneurs que tu es prêt à présenter au ciel.

L'huile révélera toujours ta véritable capacité. Tu peux penser être prêt pour plus, mais c'est l'huile qui dira la vérité. Elle expose les lacunes de ta préparation, les fissures dans tes systèmes, la faiblesse de ta fondation, les limites de ton état d'esprit, les frontières de ta discipline et la taille réelle de ton engagement. Si tu veux plus d'huile, augmente ta capacité. On ne prie pas pour obtenir de l'huile : tu te prépares pour l'huile. Car Dieu verse toujours l'huile au niveau des vases que tu lui présentes.

Le miracle répondait à la préparation, pas à l'émotion. Rien dans l'histoire ne montre que Dieu ait multiplié l'huile parce que la veuve était désespérée ou émotive : elle a crié, mais le miracle a répondu à son obéissance, pas à ses larmes. Son désespoir l'a poussée vers le prophète, mais sa préparation a fait couler l'huile. Dieu répond à la foi lorsqu'elle s'exprime par l'action : le ciel honore l'ordre, remplit ce qui est vide et verse dans ce qui est prêt. Ton émotion peut toucher le cœur de Dieu, mais seule ta préparation attire Sa puissance. Car la capacité est un partenariat entre toi et Dieu. Le prophète n'a pas dit : « Assieds-toi et regarde Dieu remplir ce qu'Il veut », mais : « Rassemble les vaisseaux. » L'implication est claire : Dieu décide de l'huile, mais toi, tu décides des vases. Tu n'as pas besoin de produire l'huile ; tu dois créer l'espace. Voilà le partenariat du Royaume : Dieu donne la source surnaturelle, et toi, tu bâtis la structure naturelle ; Dieu envoie la croissance, et toi, tu établis l'ordre ; Dieu ouvre les portes, et toi, tu passes au travers. Dieu bénit et toi, tu gères.

Épuiser tes vases ne signifie jamais un échec ; cela révèle des vérités plus profondes. Quand tu arrives au dernier récipient, ce n'est pas le signe que tu as failli, mais que tu viens de découvrir les limites de ta saison précédente. Chaque croyant atteint un moment où il réalise : « J'ai besoin de plus de discipline », « J'ai besoin de nouvelles compétences », « J'ai besoin d'une meilleure structure », « J'ai besoin d'un niveau plus élevé de responsabilité », « J'ai besoin d'un mentorat plus profond » ou « J'ai besoin d'une planification plus solide ». Cette prise de conscience n'est pas une condamnation, mais une invitation, car toute nouvelle saison exige de nouveaux récipients. Ta capacité doit croître au rythme de ton appel : tu ne peux pas affronter de nouveaux niveaux avec de vieux conteneurs, entrer dans de nouvelles opportunités avec de vieux systèmes, ni gérer de nouvelles bénédictions avec de vieilles habitudes. Chaque mission que Dieu t'accorde requiert de nouveaux vases, de la préparation, de la réflexion, de la structure, de la discipline et de la responsabilité. L'huile est illimitée, mais ta saison exige que tu augmentes ta capacité. C'est pourquoi les Écritures te commandent : « Élargis l'espace de ta tente » (Ésaïe 54:2), « Étire-toi », « N'épargne pas », « Allonge », « Renforce-toi ». Ton expansion sera toujours liée aux conteneurs que tu es prêt à apporter.

Là où ta capacité s'arrête, ton destin s'arrête. Il ne meurt pas, il ne disparaît pas, il se met en pause. L'huile n'a jamais cessé d'exister ; elle attendait simplement que tu lui apportes d'autres vases. Beaucoup interprètent à tort le silence de Dieu comme une punition, alors qu'en réalité, c'est une invitation. Dieu ne retient pas l'huile : Il attend ta capacité. Agrandis tes récipients, et ton destin recommencera à bouger. Le flux de l'huile s'est arrêté uniquement lorsque les vases ont été remplis ; la limite n'a jamais été imposée par Dieu, mais par la capacité disponible. Ce chapitre te révèle ainsi tes plafonds intérieurs, tes limites structurelles, tes petites pensées, tes peurs et ton manque de préparation. Dieu ne remplira jamais ce que tu refuses de construire.

Questions de réflexion

1. Quel vase -structure, système ou habitude -dois-tu créer ensuite ?
2. Où as-tu involontairement limité Dieu dans ta vie ?
3. Quelles croyances internes rétrécissent ta capacité ?
4. Quels petits changements quotidiens pourraient élargir tes récipients ?
5. Si Dieu envoyait plus d'huile aujourd'hui, serais-tu prêt à la recevoir ?

FOI POUR LE CIEL, CAPACITÉ POUR LA TERRE

« Que ton règne vienne, que ta volonté soit faite, sur la terre comme au ciel. » -(Matthieu 6:10)

Chaque croyant vit au croisement de deux royaumes : d'un côté, le pouvoir illimité du Ciel ; de l'autre, les conteneurs limités de la Terre. La foi te relie au Paradis, mais ta capacité détermine ce que le Paradis peut véritablement déposer dans ta vie. Dieu ne manque jamais de miracles, de sagesse, de ressources ou de percées, mais la terre, elle, souffre de limites : limites de pensée, de planification, de discipline, de structure et de vision. Pour marcher dans la plénitude du Royaume, tu dois comprendre cette équation divine : la foi est ton accès, la capacité est ta réception. La foi ouvre les Cieux ; la capacité accueille ce que la foi a obtenu. Sans la foi, rien n'est possible. Sans la capacité, rien n'est durable.

Le Ciel est prêt, la Terre doit faire de la place

Quand Jésus enseigna aux disciples à prier : « Que ta volonté soit faite sur la terre comme au ciel », Il ne leur donnait pas une simple formule religieuse. Il leur confiait une responsabilité divine. Le Ciel est toujours prêt, mais la Terre ne l'est pas toujours : le Ciel est aligné, tandis que la Terre est souvent en désordre ; le Ciel est clair, mais la Terre demeure confuse ; le Ciel est abondant, alors que la Terre pense en termes de rareté ; le Ciel possède les réponses, mais la Terre est fréquemment impréparée. Ta vocation, en tant qu'ambassadeur du Royaume, est donc d'amener la Terre, ta vie, ta pensée, ta structure, ta discipline, à un niveau où elle peut recevoir ce que le Ciel est déjà prêt à libérer. Et cela nécessite bien plus que la prière : cela exige préparation, alignement, organisation et intentionnalité.

La foi te donne la permission, la capacité te donne la possession

Il existe une grande différence entre avoir le droit à quelque chose et avoir la capacité de le recevoir. La foi te donne ce droit ; la capacité te permet de le porter. La foi déclare : « Cette promesse est à moi », « Ce miracle est possible », « Cette percée est disponible ». Mais la capacité pose les vraies questions : « Ai-je la structure pour la soutenir ? », « Ai-je la discipline pour la maintenir ? », « Ai-je les systèmes pour la gérer ? », « Ai-je le caractère pour la porter ? ». La foi se lève, mais c'est la capacité qui retient, protège et manifeste ce que la foi a abattu.

C'est pourquoi tant de personnes ont des aperçus de ce que Dieu veut faire, promesses prophétiques, rêves, révélations, visions, et pourtant ils ne peuvent pas marcher dans leur plénitude. Ils ont la foi, mais pas assez de capacité.

Dieu n'envoie pas ce que tu ne peux pas soutenir

Tout au long des Écritures, Dieu refuse de se déverser dans des vases non préparés.

Il n'a pas :

- envoyé la pluie à Noé avant que l'arche ne soit construite ;
- fait entrer Israël dans la terre promise avant que Josué n'organise les tribus ;
- versé l'Esprit avant que les disciples ne soient unis d'un même accord ;
- fait croître l'Église primitive avant la nomination des diacres ;
- multiplié l'huile de la veuve avant qu'elle ne rassemble des vases.

Le Ciel attend la structure. Dieu ne retient pas le miracle : Il attend le récipient. La limitation n'est pas au Ciel, elle est en toi.

Quand la foi dépasse ta capacité

Beaucoup de croyants vivent avec une frustration prophétique : ils ressentent quelque chose de grand, mais n'arrivent pas à marcher dedans. Ils se sentent appelés, mais n'arrivent pas à se manifester. Ils ont de la vision, mais pas de stratégie. Ils voient la promesse, mais n'arrivent pas à entrer dans la terre. Pourquoi ? Parce que la foi seule ne suffit pas. **La foi ouvre la porte, mais la capacité traverse la porte.**

La frustration prophétique est la preuve que ton esprit a vu un avenir que tes habitudes, ta structure et ta préparation ne peuvent pas encore soutenir. La solution n'est pas « plus de prophétie », mais **plus de capacité**.

Ta capacité révèle ton espérance

N'importe qui peut dire qu'il croit, mais la capacité démontre que tu t'attends concrètement à ce que quelque chose se produise.

La femme à la perte de sang croyait, mais elle a traversé la foule.

Bartimée croyait, mais il a crié plus fort.

Pierre croyait, mais il est sorti du bateau.

La veuve croyait, mais elle a emprunté des vases.

La foi apporte le surnaturel, mais la capacité le rend naturel. Le Ciel n'est pas destiné à rester au Ciel ; il est fait pour se manifester à travers des hommes et des femmes préparés. La foi te relie à l'invisible, mais la capacité fait entrer l'invisible dans le visible. C'est pourquoi Dieu forme toujours Ses serviteurs : Moïse a passé quarante ans à Madian, David des années avec les moutons, Joseph a appris la gestion en Égypte, Esther a été préparée pendant douze mois, Paul a été formé avant le ministère, et Jésus Lui-même a grandi en sagesse et en stature avant de révéler son identité. Le Ciel investit dans la préparation. La foi accède à la grâce ; la capacité manifeste la gloire.

Et lorsque la foi et la capacité s'unissent, la Terre commence à refléter le Ciel. La foi sans capacité n'est qu'un potentiel sans exutoire ; la capacité sans foi n'est qu'un effort sans puissance. Mais ensemble, elles créent des percées, accomplissent des desseins, produisent une transformation générationnelle et déclenchent un élan divin que rien ne peut arrêter. Voici le mystère du Royaume : la foi ouvre le Ciel, mais la capacité porte la Terre. Le miracle de la veuve en est la preuve : la foi l'a conduite au prophète, la capacité l'a poussée à emprunter des vases ; sa foi croyait que l'huile coulerait, sa capacité a créé l'espace pour qu'elle se répande. Si tu veux marcher dans la plénitude de ce que Dieu désire pour toi, ta vie doit porter ces deux dimensions.

La foi t'ouvre l'accès au Ciel, mais c'est ta capacité qui détermine ce que la Terre pourra réellement recevoir. Le Ciel donne l'huile, mais la Terre doit offrir les vases. Ce chapitre met en lumière ce partenariat divin entre foi surnaturelle et préparation pratique : les miracles ne se manifestent pleinement que lorsque ta foi rencontre une structure capable de porter ce que Dieu veut verser.

Questions de réflexion

1. Tes vases -tes plans, tes compétences et tes systèmes -sont-ils assez larges pour accueillir ce que tu demandes à Dieu ?
2. Où t'appuies-tu sur la foi tout en négligeant la préparation nécessaire ?
3. Quelle action concrète Dieu attend-il de toi en ce moment ?
4. Comment peux-tu mieux harmoniser prière, planification et organisation ?
5. Qu'est-ce que le Ciel est prêt à libérer que tu n'as pas encore préparé à recevoir ?

BRISER TON ÉTAT D'ESPRIT DE PAUVRETÉ

« Bien-aimé, je souhaite avant tout que tu prospères et que tu sois en bonne santé, comme prospère l'état de ton âme. » - *(3 Jean 1:2)*

L'huile a rempli ta maison. Les vaisseaux autour de toi débordent. Le miracle est complet, ta dette est réglée, et ton avenir est sécurisé. Pourtant, pour beaucoup de croyants, l'huile n'est pas le problème. Les vases ne sont pas le problème. Les instructions ne sont pas le problème. Le véritable combat se joue à l'intérieur, dans un état d'esprit façonné par des années de manque, par des saisons de lutte, par des héritages culturels, familiaux et émotionnels.

Un état d'esprit de pauvreté peut te maintenir lié même lorsque tu te tiens au milieu d'une provision divine. Il est possible que tu aies de l'huile dans ta maison, mais pas dans ton esprit; un miracle dans ta main, mais une limitation dans ta pensée ; une ressource surnaturelle à ta portée, mais un cœur qui vit encore comme s'il n'avait rien.

Ton miracle exige un esprit renouvelé

Comme la veuve, tu peux croire que l'histoire de ta vie est

terminée. Tu peux anticiper la défaite, supposer l'échec, t'attendre au pire. Tes paroles, parfois, révèlent ton état intérieur : « Je n'ai rien… » Et pourtant, comme elle, tu as quelque chose. Tu as une huile, une graine de potentiel divin que ton désespoir émotionnel t'empêche de reconnaître.

Voilà justement comment fonctionne la pauvreté : elle t'aveugle aux possibilités déjà présentes dans ta propre maison.

Un état d'esprit de pauvreté te murmure :

- « Je n'ai rien. »
- « Je ne peux pas changer. »
- « Je n'en ai pas assez. »
- « Ma vie est trop petite. »
- « Mon histoire est terminée. »

Mais le ciel te répond : « Tu as de l'huile. »

L'huile représente tout ce que Dieu a déjà placé en toi : ton potentiel, ton don, ta sagesse, ta créativité, ta capacité, tes compétences, tes ressources. Avant que ton miracle ne s'étende, ton esprit doit changer.

Un état d'esprit de pauvreté ignore ce que Dieu t'a déjà donné

Tu peux prier pour recevoir plus tout en méprisant ce que tu possèdes déjà. Tu peux demander un miracle tout en considérant comme insignifiant le peu qui est entre tes mains. Tu désires l'abondance mais tu ignores la graine.

La pauvreté amplifie ce qui manque, minimise ce qui est présent, et rend aveugle aux opportunités. C'est pour cela que Dieu te demande d'abord : « Qu'as-tu chez toi ? »

Ton miracle commence par la reconnaissance. La multiplication de Dieu nécessite ta coopération. Ta transformation commence lorsque tu vois ce que Dieu voit déjà.

Un état d'esprit de pauvreté s'attend plus à la perte qu'à la possibilité

Comme la veuve, tu peux t'attendre au pire. La pauvreté générationnelle conditionne ton esprit à craindre l'avenir, à anticiper la rareté, à supposer l'échec. Elle t'apprend à célébrer la survie plutôt que la croissance.

Un tel esprit interprète l'opportunité comme un risque, la faveur comme un danger et la multiplication comme une menace. C'est pourquoi Dieu n'a pas seulement donné un miracle à la veuve — Il a changé son récit intérieur.

Ta vie suit la direction de ton état d'esprit dominant.
Si tu t'attends à la perte, tu l'attires.
Si tu t'attends à la rareté, tu sabotes l'abondance.
Mais si tu t'attends à Dieu... le débordement devient normal.

Signes d'un état d'esprit de pauvreté

Même lorsque Dieu met des ressources entre tes mains, un état d'esprit de pauvreté peut continuer d'influencer ta manière de penser, de décider et d'agir. Il ne s'agit pas seulement d'un manque matériel, mais d'une manière de percevoir ta propre valeur, tes possibilités et ton futur. Voici les signes les plus fréquents qui montrent que cet état d'esprit est encore actif en toi :

1. Tu as peur d'utiliser ton don

Cette peur vient de la conviction que ce que tu portes n'a aucune valeur. Tu hésites à te montrer, à créer, à prendre la parole, à servir, parce que tu crois que ton don n'est pas suffisant, pas assez bon, pas assez utile. Pourtant, Dieu ne t'aurait jamais donné un don inutile.

2. Tu te sens à l'aise dans la petitesse

Tu choisis le minimum, tu restes dans ce qui est facile, tu évites les défis, parce que la croissance te semble menaçante. La petitesse devient un refuge, une manière de te protéger contre la déception ou l'échec. Mais la petitesse n'est pas ton identité, c'est une prison mentale.

3. Tu thésaurises au lieu d'investir

Tu gardes tout par peur que cela ne revienne jamais. Tu présentes la prudence comme une vertu, mais en réalité, tu as peur de manquer. Tu économises sans stratégie, tu retiens au lieu de bâtir, et tu protèges au lieu de multiplier. Ce réflexe révèle une absence de foi dans le Dieu de provision.

4. Tu acceptes tes limites comme une destinée

Tu dis : « C'est simplement qui je suis », comme si tes faiblesses étaient éternelles. Tu vois les limites non pas comme des étapes à dépasser, mais comme des plafonds permanents. Une telle pensée t'empêche de voir la croissance possible, les capacités en toi et les opportunités autour de toi.

5. Tu résistes à la structure et à la discipline

La discipline te semble lourde, la structure te paraît contraignante.

Tu veux les résultats d'une grande vision sans accepter la rigueur qui l'accompagne. Pour toi, la croissance paraît artificielle, comme si elle ne correspondait pas à « ta nature ». Mais rien ne grandit sans structure — ni les arbres, ni les maisons, ni les destinées.

6. *Tu envies le succès des autres*

Au lieu d'apprendre d'eux, tu ressens une douleur intérieure devant leur réussite. La jalousie révèle une mentalité de manque : tu crois qu'il n'y en a pas assez pour tous, alors que le Royaume est un espace illimité. L'envie te fait passer à côté des modèles, des mentors et des inspirations que Dieu place volontairement sur ton chemin.

7. *Tu penses survie au lieu de stratégie*

Tu vis dans l'urgence, cœur centré sur le présent, incapable de planifier l'avenir. Tu prends des décisions basées sur la peur, pas sur la vision. Ton énergie est investie à « tenir » plutôt qu'à construire. Mais Dieu ne veut pas que tu survives. Il veut que tu prospères et que tu avances avec intention.

8. *Tu te sens indigne d'abondance*

Une partie de toi croit que la prospérité est pour « les autres », jamais pour toi. Tu te compares, tu te minimises, tu te sabotes parfois même inconsciemment. Mais ce sentiment d'indignité vient d'une identité abîmée, pas de la vérité de Dieu. En Christ, tu es digne d'avancer, de recevoir, de bâtir et de réussir.

Ces signes n'existent pas pour te condamner, mais pour te révéler ce que Dieu veut transformer en toi. **La veuve portait plusieurs de ces cicatrices intérieures, mais une seule parole prophétique a suffi pour renouveler son esprit.** Lorsque ton état d'esprit change, ton histoire change. Lorsque ta mentalité se relève, ta vie se relève. **Dieu ne te demande pas d'être parfait. Il te demande de te laisser renouveler.**

Dieu ne brise pas la pauvreté dans ta vie en un seul geste spectaculaire, mais à travers un processus intentionnel. Il commence par la **révélation**, quand Il t'ouvre les yeux pour voir ce qu'Il voit déjà : « *Tu as de l'huile* ». Autrement dit, tu n'es pas vide, tu as déjà quelque chose entre les mains. Puis vient **l'instruction**, lorsque Dieu te donne une direction précise, comme « *Emprunte des vases* » : Il t'appelle à obéir, même si cela semble étrange ou insuffisant. Ensuite, Il travaille ton **environnement** en t'invitant à « *fermer la porte* », c'est-à-dire à couper les voix qui limitent ta foi et à te placer dans un espace où Son action peut se déployer sans distraction. Vient alors le temps de **l'action**, ce moment où tu dois faire ce qui semble impossible, « *Elle versa* », tu commences à verser, à bouger, à agir avec ce que tu as. À partir de là, Dieu t'enseigne la **stratégie** en transformant ton miracle en mouvement : « *Va, vends l'huile* » ; Il te montre comment gérer, organiser et aligner la grâce reçue avec une vision durable. Enfin, Il t'amène à la **transformation**, quand tu entres dans une abondance stable et soutenue, « *Toi et tes fils, vivez du reste* ». Voici le plan de Dieu pour briser la pauvreté : vois, obéis, sépare-toi, agis, élabore une stratégie et persévère ; à chaque étape, Il démonte en toi une couche de pensée pauvre et installe un peu plus profondément en toi l'identité du Royaume.

Le plus grand héritage que tu laisses à tes enfants est ton état d'esprit

La pauvreté se transmet.
L'abondance aussi.

Ce que tu brises en toi, tu le brises pour ta génération.
L'huile représente ton potentiel du Royaume.
Tu ne peux pas le porter avec une mentalité de captif.

Ton prochain niveau n'attend pas ton argent :
il attend ton état d'esprit.

La pauvreté n'est pas d'abord l'absence d'argent, mais l'absence de vision, de stratégie et d'identité. Ce n'est pas ton portefeuille qui définit ton niveau de prospérité, mais la qualité de tes pensées et la manière dont tu comprends ce que Dieu a déposé en toi. La véritable richesse commence lorsque ton esprit s'élargit, lorsque tu acceptes de renouveler ta manière de voir, de penser et de te percevoir. Elle se développe lorsque tu embrasses la discipline, lorsque tu te donnes la structure nécessaire pour avancer, lorsque tu refuses de te contenter de la survie et que tu choisis de bâtir avec intention. La prospérité devient réelle quand tu trouves le courage de croire que Dieu peut faire infiniment plus avec ce que tu possèdes déjà, aussi petit que cela puisse te sembler. C'est dans la transformation intérieure, et non dans l'accumulation extérieure, que se trouve le secret d'une abondance durable. Quand ton état d'esprit change, tout change : ta gestion, tes décisions, tes attentes, ta manière d'aborder les défis et surtout ta capacité à reconnaître et à multiplier ce que Dieu place entre tes mains. Voilà pourquoi la prospérité du Royaume commence toujours par l'intérieur : lorsque ton esprit se relève, ta vie se relève avec lui. »

Questions de réflexion :

1. Quelles croyances sur l'argent ou sur le succès t'ont limité jusqu'à présent ?
2. Comment la peur a-t-elle influencé tes décisions financières ou tes choix importants ?
3. Quel nouvel état d'esprit Dieu t'invite-t-Il à adopter en cette saison de ta vie ?
4. Dans quels domaines as-tu besoin de discipline, plutôt que

de délivrance ?
5. À quoi ressemble, pour toi, la prospérité du Royaume, celle qui honore Dieu et t'aligne avec ta destinée ?

LA CAPACITÉ DE LA VISION

« L'Eternel m'adressa la parole, et il dit: Ecris la prophétie: Grave-la sur des tables, Afin qu'on la lise couramment.» -(Habacuc 2:2)

Lorsque les vases de la veuve furent pleins, l'huile cessa de couler, non pas par manque de puissance divine, mais par absence d'espace, d'élan et de vision. Le miracle n'avait jamais pour but de s'arrêter à l'huile ; il devait devenir une leçon, une stratégie, une révélation sur la manière dont Dieu opère avec ceux qui voient plus loin que le moment présent. Cette histoire nous révèle une réalité immuable du Royaume : **l'huile sans vision finit par stagner, la vision sans capacité finit par épuiser**, mais **la vision portée par la capacité engendre une manifestation irrésistible**. La vision n'est pas un simple aperçu ; c'est une grâce, une aptitude divine à percevoir ce qui n'est pas encore visible, à reconnaître la possibilité avant qu'elle n'apparaisse. Elle devient le récipient du destin : sans vision, les miracles perdent leur mission, les ressources perdent leur direction et le potentiel perd son chemin. Car la vision est plus qu'une image. C'est l'architecture céleste de ton avenir, la forme intérieure qui donne à l'huile un but, à ta foi un horizon et à ta vie une trajectoire.

La vision est le plan du Ciel

La vision est le plan du Ciel pour les missions terrestres. Chaque miracle que Dieu accorde doit être interprété à la lumière d'une vision, car l'huile n'est qu'une provision : la vision en est la direction. L'huile représente le potentiel ; la vision, le but. L'huile symbolise la puissance ; la vision, la concentration. Dans les Écritures, Dieu ne donne jamais une ressource sans en révéler le sens : Noé reçut du bois, mais aussi un plan ; Moïse reçut un bâton, mais aussi une mission ; David reçut une onction, mais aussi un royaume ; Esther reçut une faveur, mais aussi une cause ; Gidéon reçut de la force, mais aussi une stratégie ; Paul reçut une révélation, mais aussi un mandat ; et la veuve reçut de l'huile, mais aussi une stratégie économique. La vision clarifie pourquoi le miracle est venu et vers où il doit te conduire. Elle est la preuve de maturité : beaucoup réclament un miracle, mais Dieu cherche une vision, car la vision démontre ta préparation, ton sérieux, ta responsabilité, ta discipline et ton identité. C'est pourquoi il est écrit : « Là où il n'y a pas de vision, le peuple périt » (Proverbes 29:18). Non pas parce que Dieu les abandonne, mais parce qu'on ne peut pas naviguer aveuglément vers son destin. Le destin exige la vue.

La vision détermine l'action

Ce que tu vois façonne ce que tu fais. Ce que tu crois de ton avenir influence la manière dont tu marches dans ton présent. Deux personnes peuvent recevoir la même huile et pourtant produire des résultats totalement différents, simplement parce que leur vision n'est pas la même. L'une voit la survie, l'autre voit l'héritage. L'une voit la lutte, l'autre voit une opportunité. L'une voit la limitation, l'autre voit la multiplication. La vision détermine les vases que tu choisis de collecter, jusqu'où tu acceptes de t'étirer, combien de temps tu continues d'obéir et quelle capacité tu construis pour accueillir ce que Dieu veut déverser. La veuve rassembla des vases parce qu'elle croyait que Dieu les remplirait ; son geste révéla la grandeur de sa vision.

La vision augmente la capacité

Tu ne peux pas grandir au-delà de la taille de ta vision. Une vision étroite produit de petits vaisseaux ; une vision faible fabrique des récipients fragiles ; une vision effrayée construit des contenants limités. Mais une vision du Royaume engendre des vases abondants, car elle voit au-delà de la douleur, au-delà des ressources disponibles, au-delà des limites, au-delà des circonstances présentes. La vision te donne la permission, et même la responsabilité, de te préparer pour bien plus que ce que tes yeux voient aujourd'hui. C'est une vision qui a permis à la veuve de croire qu'un minuscule bocal d'huile pouvait remplir des dizaines de récipients. Et c'est une vision qui te permettra de croire que le peu que tu possèdes suffit entre les mains de Dieu pour accomplir quelque chose d'extraordinaire.

La vision exige d'écrire, pas seulement de voir

Dieu dit à Habacuc : « Écris la vision. » Parce qu'une vision non écrite reste une vision non réalisée. On ne peut pas saisir un avenir que l'on refuse de capturer, courir avec un rêve que l'on refuse d'exprimer, ni bâtir une vie que l'on ne peut pas décrire. Écrire la vision clarifie l'esprit, stabilise le cœur, renforce la volonté, éclaire les décisions, façonne la préparation et fortifie la foi. Toute destinée prophétique doit être documentée, car une vision écrite devient une vision concrète. La veuve n'avait peut-être pas de parchemin, mais elle avait une instruction ; et son obéissance devint sa vision « écrite ». Ses actions sont devenues sa documentation céleste.

La vision exige l'alignement avec le Ciel

Toutes les visions ne viennent pas de Dieu. Certaines naissent de l'ambition, de la comparaison, de la compétition, de la peur ou de l'insécurité. Mais la vision du Royaume vient d'en haut. Elle naît dans la prière, se purifie dans la soumission, se confirme dans la Parole, se précise dans la clarté spirituelle et s'active par l'instruction divine. La vision de la veuve ne venait pas de son imagination : elle venait de la voix de Dieu, soufflée depuis le Ciel à travers le prophète. Une vision centrée sur Dieu produit toujours des résultats surnaturels, car ce que Dieu inspire, Dieu le soutient.

La vision doit mûrir en stratégie

Une vision sans plan n'est que de l'imagination. La vision véritable doit mûrir jusqu'à devenir une stratégie concrète. C'est exactement ce qui arriva dans la maison de la veuve : sa vision se transforma en étapes divinement orchestrées, emprunter des vases (capacité), fermer la porte (environnement), verser l'huile (action), remplir chaque récipient (constance), vendre l'huile (économie), payer la dette (liberté), et vivre du reste (durabilité). Ce n'était pas seulement un miracle : c'était un modèle économique, une stratégie de vie et un plan du Royaume. La vision prend maturité lorsqu'elle devient réalisable ; la vision te permet de voir, la stratégie te permet d'avancer. La vision révèle la montagne ; la stratégie révèle les marches.

La vision définit l'avenir de ton huile

Chaque don que Dieu te confie est attaché à une vision. Ton huile, ta vocation, ton talent, ta grâce, n'a jamais été conçue pour exister sans direction. Un don sans vision devient un potentiel gaspillé ; un don porté par la vision devient un instrument d'impact et d'influence dans le Royaume. Ton huile n'est pas faite pour le divertissement, la survie ou la recherche d'applaudissements. Elle est destinée à la mission, à la transformation, à la construction et au changement. La vision donne à ta volonté une cible divine, une orientation qui élève ton talent du niveau naturel au niveau surnaturel.

Quand la vision s'élargit, la vie s'élargit

La vie de la veuve a commencé à s'étendre dès que sa vision s'est élargie. Elle a vu au-delà de son chagrin, de ses dettes, de son passé et de ses limites. Elle a commencé à imaginer autre chose que la survie : verser, remplir, vendre, vivre, prospérer. La vision a transformé sa manière de se voir elle-même, de voir son huile et de voir son avenir, bien avant de transformer son économie. C'est la vision qui a d'abord changé sa posture, puis ses résultats.

Quand la vision change, tout change

La vision est le point de départ invisible de toute transformation visible. Lorsque ta vision s'élargit, ta capacité s'élargit, ton courage s'élargit, ton obéissance s'élargit, et toute ta vie commence à respirer un air nouveau. La vision modifie l'intérieur avant de remodeler l'extérieur. Elle reconstruit l'identité avant de réorganiser les circonstances. C'est pourquoi, dans le Royaume, tout changement durable commence par une vision renouvelée, car quand la vision change, tout change.

La vision augmente toujours la capacité. Ce que tu vois détermine ce que tu construis, et ce que tu construis détermine ce que Dieu peut remplir. L'obéissance de la veuve a ouvert ses yeux à des possibilités qu'elle n'aurait jamais imaginées : ce qui semblait petit devint suffisant, ce qui semblait insuffisant devint surabondant. La vision apporte direction, limites saines, passion durable et endurance spirituelle. Sans vision, les vases demeurent vides ; avec la vision, ils deviennent des conteneurs capables de porter ton destin. Là où la vision grandit, la capacité s'élargit, et là où la capacité s'élargit, Dieu déverse plus.

Questions de réflexion

1. Quelle est aujourd'hui la vision que tu portes pour ta vie ou pour ton ministère ?
2. La taille de ta vision correspond-elle réellement à la grandeur de ta vocation ?
3. Qu'as-tu besoin de clarifier, d'écrire ou d'affiner pour avancer ?
4. Qui Dieu place-t-Il sur ton chemin pour t'aider à affiner ta vision ?
5. En quoi ta vie quotidienne reflète-t-elle, ou non, la vision que Dieu t'a donnée ?

CHAPITRE 15

PRÉPARER L'HUILE DE DEMAIN

« Allez, vendez l'huile et payez vos dettes ; toi et tes fils pourrez vivre du reste. » - (*2 Rois 4:7*)

Dieu ne réalise jamais un miracle uniquement pour l'instant présent ; Il accomplit des miracles avec l'intention de sécuriser demain. L'huile de la veuve n'était pas seulement une intervention de crise : c'était un plan de préservation, un système de protection, une stratégie divine pour l'avenir. Ses fils furent sauvés, sa dette fut effacée, sa maison fut restaurée et sa dignité fut relevée. Pourtant, la puissance la plus profonde de cette histoire se trouve dans la dernière phrase : « Toi et tes fils pourrez vivre du reste. » Ce n'est pas un langage de survie, c'est un langage générationnel. Cela signifie : *Tu ne retourneras plus jamais à la pauvreté. Tu ne revisiteras plus la servitude. Tu ne répéteras plus cette même crise.* Tes fils ne connaîtront plus la peur de l'esclavage, parce que ta stratégie d'aujourd'hui protège leur avenir. L'huile d'aujourd'hui n'est pas fait pour être consommé seulement maintenant : il est destiné à te préparer à l'huile de demain.

L'huile d'hier ne suffit pas pour le devoir de demain

Ce n'est pas parce que les récipients sont pleins aujourd'hui que ta préparation est terminée. Chaque nouvelle saison exige un nouveau niveau de préparation. La veuve a reçu un miracle, mais ce miracle s'est accompagné d'une responsabilité. Ce qu'elle fit *après* le miracle a déterminé l'avenir de sa maison. Il en est de même pour chaque croyant : l'huile que Dieu déverse aujourd'hui doit être gérée avec sagesse, afin d'apporter stabilité, stratégie et force pour demain. Une huile non préparée devient un gaspillage, tandis qu'une huile gérée et préparée devient un héritage.

L'huile de demain exige la sagesse d'aujourd'hui

L'avenir de la veuve reposait sur deux réalités : **l'huile qu'elle avait reçue** et **les décisions qu'elle prendrait après l'avoir reçue**. Il ne suffisait pas de posséder l'huile ; elle devait ajouter la sagesse, la discipline et la planification. Beaucoup de croyants manquent les bénédictions de demain parce qu'ils manipulent mal l'huile d'aujourd'hui. Dieu donne des miracles, mais Il attend de la gestion. Il ouvre des opportunités, mais Il attend de la structure. Il confie des ressources, mais Il attend de la responsabilité. Ainsi, l'Écriture déclare : « Dans la demeure du sage se trouvent des trésors précieux » (Proverbes 21:20). La veuve reçut l'instruction de *vivre du reste*, ce qui signifiait qu'elle devait budgéter la bénédiction. Pour la première fois depuis longtemps, elle n'avait pas seulement des provisions, elle avait des options. L'huile de demain exigera toujours la maturité d'aujourd'hui.

Se préparer pour demain signifie penser au-delà de la crise

Avant sa rencontre avec Élisée, toute la vie de la veuve était une série de réactions : réagir à la dette, à la peur, à la perte et à la pression.

Ses décisions étaient dictées par l'urgence, non par la vision. Mais les miracles ont la capacité de transformer un état d'esprit réactif en un état d'esprit proactif. Dieu l'a libérée de la crise afin qu'elle puisse enfin penser à l'avenir. Un esprit de pauvreté pense uniquement à la survie ; une mentalité du Royaume réfléchit en termes de stratégie. La pensée de crise demande : « Que dois-je faire maintenant ? » tandis que la pensée du Royaume demande : « Qu'est-ce que je construis pour plus tard ? » Se préparer à l'huile de demain, c'est dépasser la logique des urgences pour entrer dans la logique des attentes divines.

L'huile de demain nécessite des systèmes

Après le miracle, la veuve dirigeait littéralement une entreprise bâtie sur l'intervention divine. Sa maison était devenue un centre de distribution d'huile. Mais aucune destinée ne peut être soutenue sans systèmes. Elle avait besoin de discipline dans ses rythmes quotidiens, de structure pour la vente de l'huile, de régularité dans la gestion de ses revenus, d'organisation pour son foyer, de planification pour l'avenir de ses fils et de clarté dans la gestion des saisons d'abondance. Beaucoup de croyants désirent des miracles, mais résistent aux systèmes, pourtant le Royaume repose sur l'ordre, la gestion, la discipline et la cohérence. Même le miracle de la multiplication s'est arrêté lorsque le système atteignit sa limite : plus de vases, plus de flux. La préparation ne demande pas seulement plus de récipients physiques, mais aussi plus de structure intérieure, de cadres, de stratégies et de systèmes capables de soutenir ce que Dieu veut déverser.

Prépare-toi avant d'avoir besoin de plus d'huile

L'un des plus grands secrets de la vie dans le Royaume est celui-ci : **prépare-toi en temps de paix pour ce dont tu auras besoin en temps de pression.** Ceux qui attendent l'urgence pour renforcer leur capacité arrivent toujours trop tard. Le miracle de la veuve prit fin, mais sa responsabilité commença. Dieu lui donna assez d'huile pour aujourd'hui, et assez de sagesse pour demain. Le croyant qui se prépare évite les crises inutiles, traverse les saisons avec clarté, anticipe les besoins avant qu'ils n'apparaissent, grandit sans anxiété et bâtit sans peur. La préparation n'est jamais un manque de foi ; **la préparation est l'expression mature de la foi**. Joseph a sauvé l'Égypte parce qu'il s'était préparé durant l'abondance. Noé a sauvé l'humanité parce qu'il s'était préparé dans le calme. Esther a sauvé son peuple parce qu'elle s'était préparée en secret. David a régné avec succès parce qu'il s'était préparé dans l'obscurité. Jésus Lui-même s'est préparé trente ans pour trois ans et demi de ministère. Les grands destins sont toujours portés par une grande préparation.

L'huile de demain exige que tu protèges l'huile d'aujourd'hui

La préparation, c'est aussi la protection. La veuve est passée de rien à l'abondance, et l'abondance vient avec la responsabilité de protéger son miracle. Elle devait protéger son foyer, préserver ses fils de l'esclavage, gérer son entreprise, défendre sa paix, maintenir ses limites et rester alignée à l'instruction divine. L'ennemi revient souvent après un miracle pour vérifier si le croyant comprend la gestion responsable. Ses fils avaient été autrefois ciblés pour devenir esclaves ; maintenant, sa mission était de s'assurer qu'ils ne rencontrent plus jamais ce danger. **Se préparer pour demain, c'est préserver la bénédiction d'aujourd'hui.** Quand la préparation rencontre la protection, l'huile cesse d'être un simple miracle : elle devient un héritage.

Demain appartient à ceux qui veillent aujourd'hui

Dieu n'a pas seulement sauvé la veuve ; Il l'a conduite d'un état de panique à une posture de planification, de la peur à la prévoyance, de la survie à la stratégie, du désespoir à la discipline. « Vis du reste » n'était pas un simple conseil, c'était un **ordre du Royaume**, un appel à structurer sa vie autour de la provision divine. Cela signifie bâtir son avenir intentionnellement, soutenir ce que Dieu a confié, créer une marge qui stabilise la génération suivante, préserver la bénédiction et penser en héritage plutôt qu'en urgence. L'huile était une provision pour le présent, mais ses décisions détermineraient sa prochaine décennie. Dans le Royaume, **ce que tu fais après le miracle est souvent plus déterminant que le miracle lui-même.**

Se préparer à l'huile de demain dans ta propre vie

Ce chapitre ne parle pas seulement de la veuve, il parle de toi. Dieu te prépare à des missions plus grandes, à un but plus profond, à des responsabilités élargies, à une influence accrue, à des plateformes plus élevées, à des niveaux supérieurs d'impact et de leadership. Mais une élévation sans préparation conduit inévitablement à l'effondrement. L'huile de demain exige un esprit renouvelé, une discipline plus ferme, une capacité élargie, une vision plus précise, une structure plus robuste, une consécration plus profonde, des habitudes plus sages, une planification stratégique et une vie de prière constante. Dieu ne déverse pas seulement de l'huile dans ta vie, **Il te façonne pour porter davantage, supporter davantage et accomplir davantage.**

La capacité ne se limite pas à aujourd'hui ; elle te prépare à l'huile de demain. Ce chapitre met en lumière l'importance d'anticiper, de prévoir, de planifier et de se préparer intentionnellement. Les opportunités de demain reposent toujours sur le développement que tu acceptes d'entreprendre aujourd'hui. Ceux qui construisent leurs systèmes tôt, qui renforcent leur structure intérieure et qui cultivent la discipline avant la pression, sont ceux à qui Dieu peut confier davantage lorsque le moment fixé arrive. Car dans le Royaume, la préparation prépare la provision, et la capacité attire la multiplication.

Questions de réflexion

1. Pour quelle mission future Dieu te prépare-t-Il en ce moment ?
2. Quelles compétences ou quelles habitudes dois-tu développer pour entrer dans ta prochaine saison ?
3. Es-tu en train de construire des systèmes capables de soutenir la croissance que Dieu prévoit pour toi ?
4. De quelle manière dois-tu agrandir ton "récipient" intérieur pour accueillir l'huile de demain ?
5. À quoi ressemble, pour toi, une obéissance durable, une obéissance qui traverse les saisons ?

FOI ET CAPACITÉ DANS LE MINISTÈRE, LE MARIAGE, L'ARGENT ET LE LEADERSHIP

> « C'est par la sagesse qu'une maison s'élève, et par l'intelligence qu'elle s'affermit ; c'est par la science que les chambres se remplissent de tous les biens précieux et agréables. »
> *Proverbes 24:3-4)*

La foi est la force divine qui te relie à la puissance de Dieu ; la capacité est la discipline humaine qui détermine ce que cette puissance peut accomplir à travers toi. La foi sans capacité mène à la frustration, tandis que la capacité sans foi limite le potentiel divin. Mais lorsque la foi et la capacité marchent ensemble, elles produisent transformation, stabilité et croissance dans toutes les dimensions de la vie.

Chaque domaine de ton existence exige ces deux piliers. Ton onction s'écoule à travers les vases de ta structure ; ton don circule dans le récipient de ta maturité ; ton appel se manifeste à travers le cadre de ta gestion. Voilà pourquoi ce chapitre applique la sagesse de l'histoire de la veuve aux quatre sphères où les croyants rencontrent souvent les plus grands défis, et où Dieu désire le plus révéler Sa gloire : le ministère, le mariage, l'argent et le leadership.

Car la volonté de Dieu n'est jamais que tu survives dans ces domaines. Non. Sa volonté est que tu prospères, que tu excelles, que tu multiplies et que tu manifestes Son Royaume dans chacune de ces sphères.

La capacité détermine ce que le Ciel peut te confier

La foi te connecte au Ciel, mais la capacité détermine ce que le Ciel peut déposer entre tes mains.

1. Foi et capacité dans le ministère

Beaucoup entrent dans le ministère avec passion, mais sans préparation suffisante. Le zèle sans structure conduit à l'épuisement. L'onction sans limites mène à la confusion. L'appel sans développement produit la stagnation. L'histoire de la veuve révèle une vérité fondamentale : Dieu peut donner l'huile, mais Il exige toujours la capacité.

Il demande :

- des vaisseaux - les systèmes qui soutiennent le flux,
- des fils - les équipes qui portent la charge,
- des instructions - l'ordre et la clarté divine,
- des portes fermées - la consécration et la séparation,
- la vente - l'exécution concrète,
- la vie sur le reste - la durabilité et la stabilité.

Le ministère ne prospère pas sur la base du don pur ; il est porté par une combinaison sacrée :

- Prière + Planification
- Révélation + Structure
- Esprit + Stratégie
- Onction + Administration
- Passion + Processus

Le mythe selon lequel « Dieu fera tout » n'a aucun fondement biblique. Dieu donne l'huile, **tu construis les vaisseaux.** Dieu donne la vision, **tu mets en place la structure.** Dieu donne les gens, **tu développes le leadership.** Dieu donne la percée, **tu gères le résultat.**

Ainsi, un pasteur peut opérer des miracles et pourtant perdre son élan **sans systèmes.** Un leader peut prêcher avec puissance mais manquer de fruits **sans suivi.** Une église peut avoir une onction authentique mais ne pas croître **sans administration.**

C'est pour cette raison qu'Actes 6 a dû établir des diacres : **même les miracles nécessitent une gestion.**

2. Foi et capacité dans le mariage

Le mariage est un réceptacle, l'un des plus sacrés, délicats et spirituellement chargés du Royaume. Beaucoup de mariages ne s'effondrent pas par manque d'amour, mais par manque de capacité. L'huile seule ne peut pas sauver un mariage : il faut des vaisseaux suffisamment solides pour la contenir.

Un mariage durable demande :

- capacité de communication,
- capacité de pardon,
- capacité émotionnelle,
- capacité de maturité,
- capacité d'écoute,
- capacité de résolution de conflits,
- capacité spirituelle,
- capacité d'humilité.

Tout comme la veuve devait fermer la porte pour que l'huile coule, le mariage exige une obéissance privée, prière dans le secret, responsabilité mutuelle, guérison intérieure, honnêteté profonde et travail quotidien. Dieu peut verser de l'amour dans un mariage, mais si les vases restent petits, le flux sera limité. Un couple peut hériter d'une grande faveur, mais l'absence de capacité peut en réduire l'impact.

Le mariage exige à la fois foi et compétence :

- La foi pour croire que Dieu agit dans le cœur de ton conjoint,
- La capacité de devenir l'époux ou l'épouse que Dieu t'appelle à être.
- La foi pour affronter les tempêtes,
- La capacité de les résoudre avec sagesse et patience.
- La foi pour prier ensemble,
- La capacité de communiquer avec respect, douceur et vérité.

Un mariage s'effondre lorsque l'un possède la foi mais pas la capacité, ou la capacité mais pas la foi. Dieu bâtit le lien, mais le couple construit le vaisseau. Ainsi, **le miracle d'un mariage prospère naît toujours de la rencontre entre une foi vivante et une capacité mûrie.**

3. Foi et Capacité en argent

L'argent est l'un des domaines où l'histoire de la veuve devient le plus clairement un modèle. Elle avait de l'huile, mais sans vases, elle restait pauvre. Elle reçut un miracle, mais sans plan, ses fils auraient été réduits en esclavage. Elle disposait de provisions, mais sans stratégie, elle ne pouvait pas entrer dans la prospérité. Dieu a multiplié son huile, mais le prophète lui a donné un cadre : « Vends l'huile, paye ta dette, et vis du reste. » Voilà le plan économique du Royaume : **le miracle comme réserve divine, la vente comme engagement sur le marché, le remboursement comme libération financière, et le reste comme durabilité.** Beaucoup de croyants ont la foi pour l'argent, mais pas la capacité pour le gérer : ils prient pour une augmentation sans plan, réclament une percée tout en évitant le budget, déclarent l'abondance tout en résistant à la discipline, espèrent le débordement tout en gardant des vases percés. Dieu donne la semence, mais c'est toi qui construis l'entrepôt. L'ennemi utilise deux armes pour maintenir des générations dans la servitude financière : **le manque de foi et le manque de gestion.** La veuve a vaincu les deux : sa foi lui a donné accès au miracle et sa capacité lui a donné accès à la stabilité.

4. Foi et capacité en leadership

Le leadership est le vaisseau ultime : tout ce que Dieu désire accomplir dans ta vie devra passer par ta capacité de leadership. Le leadership n'est pas un titre, c'est un contenant ; l'onction ne fait pas de toi un leader, les responsabilités ne font pas de toi un leader, les disciples ne font pas de toi un leader : seule la capacité fait de toi un leader. La foi est indispensable : foi pour voir ce que les autres ne voient pas, foi pour avancer quand les autres restent immobiles, foi pour croire quand les autres doutent. Mais la foi seule ne suffit pas. Le leadership exige vision, discipline, intelligence émotionnelle, prise de décision, sagesse, limites, constance, humilité, croissance et responsabilité. Dieu envoie les gens selon la taille de ton cœur ; c'est pourquoi un leader doit porter davantage, endurer davantage, voir plus loin et se sacrifier plus profondément que ceux qu'il conduit. L'histoire de la veuve nous enseigne que le leadership n'est pas d'abord une question de force, mais de préparation. Les leaders ne tombent pas faute d'huile, mais faute de vaisseaux. Ils échouent lorsque la mission dépasse leur contenant, mais ils prospèrent lorsque leur capacité est à la hauteur de leur vocation.

Quand la foi et la capacité s'unissent, la transformation se produit

Le ministère, le mariage, l'argent et le leadership constituent les quatre piliers d'une vie entière. Ta mission exige la foi, mais ton destin exige la capacité. La foi t'accorde l'accès ; la capacité donne forme à ce que Dieu dépose en toi. La foi ouvre le Ciel ; la capacité construit la Terre. La foi te propulse vers le haut ; la capacité étend ton influence vers l'extérieur. La foi attire la bénédiction ; la capacité soutient cette bénédiction et la rend durable.

Le miracle de la veuve révèle la loi spirituelle que chaque croyant doit embrasser : **Dieu verse davantage d'huile lorsque tu prépares davantage de vases.** Là où la foi rencontre la capacité, la transformation devient inévitable et la destinée commence vraiment à se manifester.

Ce chapitre applique les principes de la capacité à des domaines concrets : le ministère, le mariage, les finances et le leadership. La foi ouvre la porte, mais la capacité détermine ton succès dans les relations, la gestion responsable, l'influence et la vocation. Chaque domaine prospère lorsque la foi et la préparation travaillent ensemble. Là où tu construis la capacité, Dieu élargit l'impact. Là où tu unis ta foi à ta discipline, le Royaume se manifeste dans ta vie.

Questions de réflexion

1. Quel domaine de ta vie nécessite aujourd'hui une capacité accrue ?
2. Comment équilibres-tu la foi et la planification dans tes responsabilités pratiques ?
3. Quelles habitudes relationnelles dois-tu améliorer pour soutenir ta croissance ?
4. Quelle capacité de leadership as-tu besoin de développer cette année ?
5. Comment peux-tu mieux gérer ton mariage, ton ministère, tes finances ou ton appel ?

VIVRE UNE VIE QUE DIEU PEUT REMPLIR

Heureux ceux qui ont faim et soif de justice, car ils seront rassasiés.
(Matthieu 5:6)

Une vie remplie de miracles n'est pas réservée à une élite spirituelle. Ce n'est pas un privilège exclusif pour les prophètes, les pasteurs ou les patriarches. C'est l'héritage de tout croyant qui choisit de devenir un récipient que Dieu peut continuellement remplir. La veuve n'avait ni statut, ni influence, ni richesse : elle n'avait rien d'extraordinaire selon les critères humains. Mais elle possédait ce que Dieu recherche avant tout : une disponibilité authentique. Elle était prête à écouter, assez humble pour apprendre, assez désespérée pour se tourner vers Dieu, et assez courageuse pour obéir. Dieu ne remplit pas les récipients parfaits. Il remplit les jarres préparés. Vivre une vie que Dieu peut remplir, c'est adopter une posture d'ouverture, d'abandon, de sensibilité et d'alignement constant avec le rythme du Ciel.

Le secret d'une vie que Dieu peut remplir

La veuve nous révèle la posture spirituelle nécessaire pour vivre sous un remplissage continu. Dieu a rempli ses vaisseaux non parce qu'elle était exceptionnelle, mais parce qu'elle était **positionnée**. Une vie que Dieu peut remplir repose sur trois postures essentielles. **La posture de reddition** : lorsqu'Élisée lui demanda « Qu'as-tu dans ta maison ? », elle offrit ce qu'elle avait, même si cela semblait insignifiant. Dieu remplit les vaisseaux abandonnés, pas les récipients autosuffisants. **La posture d'obéissance** : quand le prophète lui ordonna d'emprunter des vases, elle n'a ni débattu, ni hésité ; elle a obéi. L'obéissance est l'entonnoir par lequel l'huile s'écoule. **La posture de foi** : elle a versé l'huile avant de voir le miracle ; elle a agi sur ce qui semblait insensé, et Dieu a honoré son geste. La foi demeure le catalyseur du mouvement divin. Ainsi, l'abandon, l'obéissance et la foi forment les trois axes d'une vie que Dieu est toujours prêt à remplir.

Vivre avec la Sainte Attente

Pour vivre une vie que Dieu peut remplir, il faut vivre avec une sainte attente. L'attente n'est pas un espoir passif : c'est une préparation spirituelle active. Ceux qui s'attendent à être remplis par Dieu prient différemment, pensent différemment, planifient différemment, se préparent différemment, parlent différemment et agissent différemment. L'attente élargit ton récipient intérieur : elle étire ta foi, élève ton regard et prépare ton cœur à recevoir davantage. L'attente attire l'avenir dans ton présent ; elle fait venir le surnaturel vers ta réalité. Là où il y a une sainte attente, Dieu trouve un vaisseau prêt pour Son remplissage.

Vivre une vie de capacité continue

La veuve a rassemblé assez de récipients pour un miracle, mais nous devons apprendre à rassembler des récipients pour toute une vie. Une vie que Dieu peut remplir est une vie marquée par la prière constante, l'abandon, la croissance, la sainteté, l'obéissance, la préparation et l'apprentissage continuel. Dieu ne se déverse pas dans ceux qui ont parfois faim, mais dans ceux qui vivent dans une poursuite constante. « Il satisfait l'âme désireuse » (Psaume 107:9). Plus ta faim est profonde, plus ta capacité s'élargit. Plus tu recherches Dieu avec intention, plus tu deviens un espace où Il peut se répandre sans limite.

Vivre une vie d'intégrité privée

L'instruction « Ferme la porte » n'était pas seulement une directive ponctuelle — c'était un modèle pour la vie spirituelle. C'est derrière cette porte fermée que la veuve a été transformée, que l'huile s'est multipliée, que la stratégie est née et que son destin a changé. Une vie que Dieu peut remplir est d'abord une vie d'intégrité privée. Dieu te remplit dans le lieu secret avant de t'utiliser dans le lieu public. Il se verse dans les moments calmes, dans les espaces cachés, dans les saisons invisibles. Si ta vie privée est vide, ta vie publique finira toujours par fuir. Les hommes admirent les miracles publics, mais Dieu admire l'obéissance privée.

Vivre une vie d'alignement divin

Lorsque la veuve a aligné sa vie sur l'instruction prophétique, tout a changé. L'alignement divin est l'autoroute du surnaturel. S'aligner signifie que **tes pensées** se soumettent à la Parole de Dieu, que **tes choix** reflètent Ses voies, que **tes priorités** suivent Son agenda, que **tes valeurs** incarnent la culture du Royaume, que **tes relations** s'accordent à ton appel, et que **ton environnement** soutient ton objectif spirituel. Dieu ne peut pas te remplir si ta vie est saturée de distractions, de compromis, d'incrédulité ou de loyautés divisées. Le remplissage de Dieu exige de la place ; la capacité exige de l'espace ; l'huile exige du vide. Les vases vides sont ceux qui ont volontairement créé de l'espace pour que Dieu puisse y déverser Sa présence, Sa sagesse et Sa puissance.

Vivre une vie de gestion

Après le miracle, la veuve dut apprendre à gérer l'huile. La gestion responsable n'est pas ce que tu fais quand tu n'as rien ; c'est ce que tu fais quand Dieu t'a confié quelque chose. Une vie que Dieu peut remplir est une vie qui honore ce que Dieu donne, protège ce que Dieu donne, multiplie ce que Dieu donne, gère ce que Dieu donne et apprécie ce que Dieu donne. Tu prépares ton avenir en gardant ton présent, et Dieu continue de remplir ce que tu honores continuellement. Là où il y a fidélité, Dieu envoie plus ; là où il y a gestion, Dieu accorde expansion.

Vivre une vie selon la vision générationnelle

Lorsque Dieu remplit les vaisseaux de la veuve, Il ne pensait pas seulement à elle, mais à ses fils, à leurs enfants et à l'héritage qui suivrait. Une vie que Dieu peut remplir est une vie vécue avec une conscience générationnelle : tu penses au-delà de toi-même, tu agis en fonction de demain, tu bâtis pour ceux qui viendront après toi. L'obéissance de la veuve a sauvé ses enfants de l'esclavage et a ouvert la porte à une stabilité générationnelle. Quand Dieu te remplit, Il remplit aussi ta maison, ta lignée et ton avenir. Il se déverse dans ceux qui comprennent le poids sacré de l'héritage.

Tu as été créé pour être rempli

Chaque chapitre du voyage de la veuve révèle une vérité fondamentale du Royaume : **tu as été créé pour être un réceptacle que Dieu peut remplir**. Un réceptacle d'huile, de but, de destinée, de sagesse, de foi, de révélation, d'obéissance, d'influence, de grâce, d'excellence et d'impact. La question n'a jamais été de savoir si Dieu veut te remplir, Il le veut. La véritable question est de savoir si ta vie est façonnée, alignée et préparée de manière à ce qu'Il puisse le faire. Tu n'es pas aléatoire, vide par accident, négligé ou oublié. Tu es un vaisseau choisi, façonné et conçu : non pour rester vide, mais pour porter la plénitude de Dieu. Ta mission est simple : **vivre une vie que Dieu peut remplir** et lorsque tu le fais, Il te remplira, encore, et encore, et encore.

Dieu remplit ce qui est disponible, abandonné et correctement positionné. Ce chapitre montre que la capacité n'est jamais accidentelle : elle se cultive par l'humilité, l'obéissance, la pureté, la discipline et l'intentionnalité. Une vie alignée sur le rythme de Dieu devient un vaisseau dans lequel le Ciel peut avoir confiance. Lorsque ta posture est juste, l'huile coule naturellement.

Questions de réflexion

1. Quels aspects de ta vie ont besoin d'un abandon plus profond ?
2. Comment peux-tu te positionner chaque jour pour recevoir davantage de Dieu ?
3. Quelles habitudes transforment ton vaisseau en un réceptacle prêt à être rempli ?
4. Quelles attitudes ou distractions pourraient bloquer le flux de l'huile divine ?
5. De quelles façons l'obéissance élargit-elle ta capacité spirituelle ?

CONCLUSION : Quand la foi rencontre la capacité

Tout au long de ces dix-sept chapitres, tu as voyagé à travers l'histoire de la veuve de 2 Rois 4 comme à travers un miroir spirituel. Ce récit millénaire n'est pas qu'un miracle ancien, c'est une carte prophétique pour ton présent et une stratégie céleste pour ton futur. Chaque page t'a rappelé une vérité essentielle : **le Ciel libère, mais la terre prépare ; Dieu verse, mais l'homme élargit ses vaisseaux ; la foi ouvre la porte, mais la capacité détermine la mesure du débordement.**

Ce livre entier n'a cessé de te conduire vers cette révélation. **Dieu ne se déverse pas dans le vide, Il se déverse dans la préparation.** L'huile ne s'est pas arrêtée parce que Dieu s'est tu, mais parce que les vaisseaux ont manqué. La provision divine n'est pas limitée en intensité, elle est limitée en accueil. Tu peux prier pour davantage, mais si tu ne construis pas davantage, tu n'en porteras rien. Tu peux demander l'expansion, mais si tu n'élargis pas ta structure, tu étoufferas ton propre miracle.

La veuve a commencé son histoire avec un cri, un manque, une dette et une peur. Elle l'a terminée avec de l'huile, une stratégie, une entreprise et un héritage pour ses fils. Entre ces deux extrêmes, une chose s'est produite : un « mais », un pivot, une reconnaissance, une obéissance, une préparation, une capacité.

Ce livre t'a rappelé que Dieu ne cherche pas les parfaits. Il cherche les volontaires. Il ne cherche pas les impeccables. Il cherche les disponibles. Il ne cherche pas les forts. Il cherche ceux qui donnent de la place. Tout miracle naît de ce que tu as, et non de ce que tu crois ne pas avoir. La veuve ne fut pas bénie par ce qui lui manquait, mais par ce qui lui restait. L'huile n'était pas une compensation, c'était une semence.

La grande vérité est celle-ci : **Ton miracle commence avec ce que tu possèdes, mais il se mesure selon ce que tu prépares.** Ce que tu appelles petit, Dieu l'appelle point de départ. Ce que tu négliges, Dieu le considère comme un outil. Ce que tu caches, Dieu veut l'utiliser. Ce que tu crois insignifiant est souvent l'ingrédient principal de ta prochaine saison.

Tu as appris que la foi construit l'accès, mais que la capacité construit la longévité.

Tu as appris que les portes s'ouvrent par la prière, mais se maintiennent par la discipline.

Tu as appris que l'on peut recevoir sans savoir gérer, et perdre sans savoir construire.

Tu as appris que la pauvreté n'est pas un manque d'huile, mais un manque de vaisseaux.

Tu as appris que les limites ne viennent pas du Ciel, mais du contenant que tu Lui présentes.

Aujourd'hui, tu te tiens à ton tour dans la maison de la veuve, entouré de tes vaisseaux, certains remplis, certains vides, certains fissurés, certains nouveaux. À l'intérieur de toi se trouve l'huile de ton histoire, de ton appel, de ta sagesse, de ta douleur transformée, de ton potentiel dormi. Le Ciel ne te demande pas si tu as assez d'huile. Il te demande : « As-tu assez de récipients ? »

Ton avenir est plus vaste que ton passé. Ton futur n'est pas limité par ce que tu as vécu, mais par ce que tu es prêt à préparer. **Dieu a toujours plus d'huile que tu n'as de vaisseaux.** Et si tu élargis ta capacité, Élisée te dirait encore aujourd'hui : « Entre, ferme la porte, prépare les récipients, verse… et regarde Dieu remplir ce que tu lui présentes. »

Ce livre se termine, mais ton miracle commence. Tu entres dans une saison où la foi et la capacité vont marcher ensemble. La foi t'ouvre les portes, la capacité t'y établit. La foi attire l'huile et la capacité la préserve. La foi active le Ciel et la capacité transforme ta terre. Que tes vaisseaux se multiplient. Que ton huile ne cesse jamais. Que ta vie déborde. Car lorsque **ta foi rencontre ta capacité**, ton destin s'éveille.

GUIDE D'ACTIVATION DE 21 JOURS

JOUR 1 — *Reconnaître honnêtement ta crise*

Écriture : 2 Rois 4:1
Focus : Ta transformation commence lorsque tu cesses de prétendre aller bien.
Intuition prophétique : Dieu te rencontre au niveau de ton honnêteté.
Action : Écris la crise que tu veux voir Dieu transformer.
Prière : Seigneur, je te présente ma réalité. Retrouve-moi dans la vérité et éveille ma foi.

JOUR 2 — *Pose les Deux Questions du Destin*

Écriture : 2 Rois 4:2
Focus : La clarté est la porte d'entrée des miracles.
Intuition prophétique : Le Ciel répond à une demande claire.
Action : Réponds par écrit : *Que veux-tu que Dieu fasse ? Qu'as-tu déjà ?*
Prière : Donne-moi de la clarté, Seigneur. Montre-moi ce qui est déjà dans ma maison.

JOUR 3 — *Reconnais ton « MAIS » caché*

Écriture : 2 Rois 4:2b
Focus : Ton « mais » est le pivot entre le manque et la foi.
Intuition prophétique : Tu n'es pas vide — tu n'en es juste pas conscient.
Action : Identifie un don ou un atout que tu as négligé.

Prière : Ouvre mes yeux sur ce que j'ai rejeté ou minimisé.

JOUR 4 — *Identifie ton huile*

Écriture : 1 Pierre 4:10
Focus : Ton don est ton huile.
Intuition prophétique : Dieu multiplie ce que tu reconnais.
Action : Liste trois forces ou capacités que les autres voient en toi.
Prière : Révèle mon huile et donne-moi le courage de la valoriser.

JOUR 5 — *Affronte l'état d'esprit de pauvreté*

Écriture : Romains 12:2
Focus : La pauvreté est d'abord un état d'esprit, pas un portefeuille.
Intuition prophétique : Dieu ne peut pas remplir ce que la peur laisse vide.
Action : Écris une croyance limitante et remplace-la par la vérité.
Prière : Renouvelle mon esprit, Seigneur. Brise chaque petite façon de penser.

JOUR 6 — *Demande de l'aide sans honte*

Écriture : 2 Rois 4:3
Focus : Emprunter demande de l'humilité.
Intuition prophétique : L'augmentation est souvent cachée dans la communauté.
Action : Demande à quelqu'un de la sagesse, de l'aide ou du mentorat.
Prière : Donne-moi l'humilité de grandir à travers les autres.

JOUR 7 — *Emprunte largement des vaisseaux*

Écriture : Proverbes 11:14
Focus : L'expansion nécessite des voix diverses.
Intuition prophétique : Ton miracle viendra souvent de connexions inattendues.
Action : Contacte quelqu'un hors de ta zone de confort.
Prière : Élargis mon cercle relationnel avec sagesse et faveur.

JOUR 8 — *Protège ton processus (Ferme la porte)*

Écriture : 2 Rois 4:4
Focus : Ce que Dieu fait en toi nécessite de la confidentialité.
Intuition prophétique : Certaines pièces engendrent les miracles ; d'autres les étouffent.
Action : Identifie une distraction à éliminer.
Prière : Aide-moi à protéger l'œuvre sacrée que Tu accomplis en moi.

JOUR 9 — *Commence à verser la foi*

Écriture : Jacques 2:17
Focus : Ta foi devient réelle quand tu agis.
Intuition prophétique : Dieu multiplie le mouvement, pas les intentions.
Action : Fais un premier petit pas vers un rêve.
Prière : Seigneur, je verse dans la foi. Multiplie ce que je t'offre.

JOUR 10 — *Honore la loi du processus*

Écriture : Ecclésiaste 3:1
Focus : Le versement se fait un vaisseau à la fois.
Intuition prophétique : Dieu multiplie la constance.

Action : Choisis un domaine dans lequel tu seras fidèle pendant les 7 prochains jours.
Prière : Rends-moi fidèle dans le processus, pas frustré.

JOUR 11 — *Élargis ta vision*

Écriture : Habacuc 2:2
Focus : La vision est une forme de capacité.
Intuition prophétique : Tu ne peux pas tenir ce que tu ne peux pas voir.
Action : Écris ou réécris clairement ta vision.
Prière : Élargis ma vision intérieure, Seigneur.

JOUR 12 — *Brise la limite du "peu de vaisseaux*

Écriture : Ésaïe 54:2
Focus : Ne limite plus ton avenir avec tes expériences passées.
Intuition prophétique : L'huile de Dieu dépasse ton imagination.
Action : Repère un schéma limitant et dépasse-le.
Prière : Père, agrandis-moi à l'intérieur. Augmente ma capacité.

JOUR 13 — *Construis des systèmes pour le futur de ton huile*

Écriture : Luc 14:28
Focus : Les systèmes soutiennent les miracles.
Intuition prophétique : La structure est le ventre de l'augmentation.
Action : Crée ou améliore un système (budget, planification, prière).
Prière : Donne-moi la sagesse de bâtir ce qui soutient mon destin.

JOUR 14 — *Défends ton environnement*

Écriture : Proverbes 4:23
Focus : Protège ton atmosphère : émotionnelle, spirituelle, relationnelle.
Intuition prophétique : L'huile coule là où règne la paix.
Action : Élimine une influence toxique.
Prière : Garde mon espace, Seigneur, et conduis-moi vers la paix.

JOUR 15 — *Gère ton huile*

Écriture : Luc 16:10
Focus : Ce que tu gères grandit.
Intuition prophétique : La bonne gestion attire un flux surnaturel.
Action : Alloue intentionnellement ton temps ou tes ressources.
Prière : Apprends-moi à protéger l'augmentation avec sagesse.

JOUR 16 — *Monétise ton huile (« Vendre l'huile »)*

Écriture : Deutéronome 8:18
Focus : Ton don porte une puissance économique.
Intuition prophétique : Ton huile peut financer ta vie et ta mission.
Action : Identifie une manière rentable de servir les autres avec ton don.
Prière : Donne-moi des idées et du courage pour activer la richesse à travers mon don.

JOUR 17 — *Vis du reste (Construis la longévité)*

Écriture : Proverbes 21:20
Focus : La durabilité compte autant que la percée.
Intuition prophétique : Dieu veut que tu prospères sur le long

terme.
Action : Crée un plan pour soutenir ta croissance (épargne, habitudes, relations).
Prière : Établis-moi dans une croissance durable.

JOUR 18 — *Honore tes mentors et tes vases empruntés*

Écriture : Hébreux 13:7
Focus : Les relations ont un poids spirituel.
Intuition prophétique : L'honneur garde les portes ouvertes.
Action : Remercie quelqu'un qui a investi en toi.
Prière : Donne-moi un esprit d'honneur qui ouvre les futurs vaisseaux.

JOUR 19 — *Vis comme un vaisseau que Dieu peut remplir*

Écriture : Matthieu 5:6
Focus : Ta faim détermine ta capacité.
Intuition prophétique : Dieu rassasie ceux qui ont soif.
Action : Planifie un temps profond de recherche de Dieu.
Prière : Remplis-moi, Seigneur. Fais de moi un réceptacle prêt pour Toi.

JOUR 20 — *Prépare-toi pour l'huile de demain*

Écriture : 1 Corinthiens 2:9
Focus : Dieu a déjà préparé ton prochain niveau.
Intuition prophétique : Ta préparation prouve ton attente.
Action : Prépare une chose dont ton futur aura besoin.
Prière : Équipe-moi pour l'avenir que Tu as conçu.

JOUR 21 — *Déclare le débordement sur ta vie*

Écriture : Psaume 23:5
Focus : Le débordement est ton héritage.
Intuition prophétique : Dieu ne t'a jamais destiné à survivre — mais à déborder.
Action : Rédige une déclaration prophétique pour les 12 prochains mois.
Prière :
Ma coupe déborde.
Mes vaisseaux augmentent.
Mon huile ne s'arrêtera jamais.
Ma vie s'élève.
Mon avenir s'élargit.
Mon but se dévoile.
Au nom de Jésus. Amen.

www.ingramcontent.com/pod-product-compliance
Lightning Source LLC
Chambersburg PA
CBHW072211070526
44585CB00015B/1289